KB097841

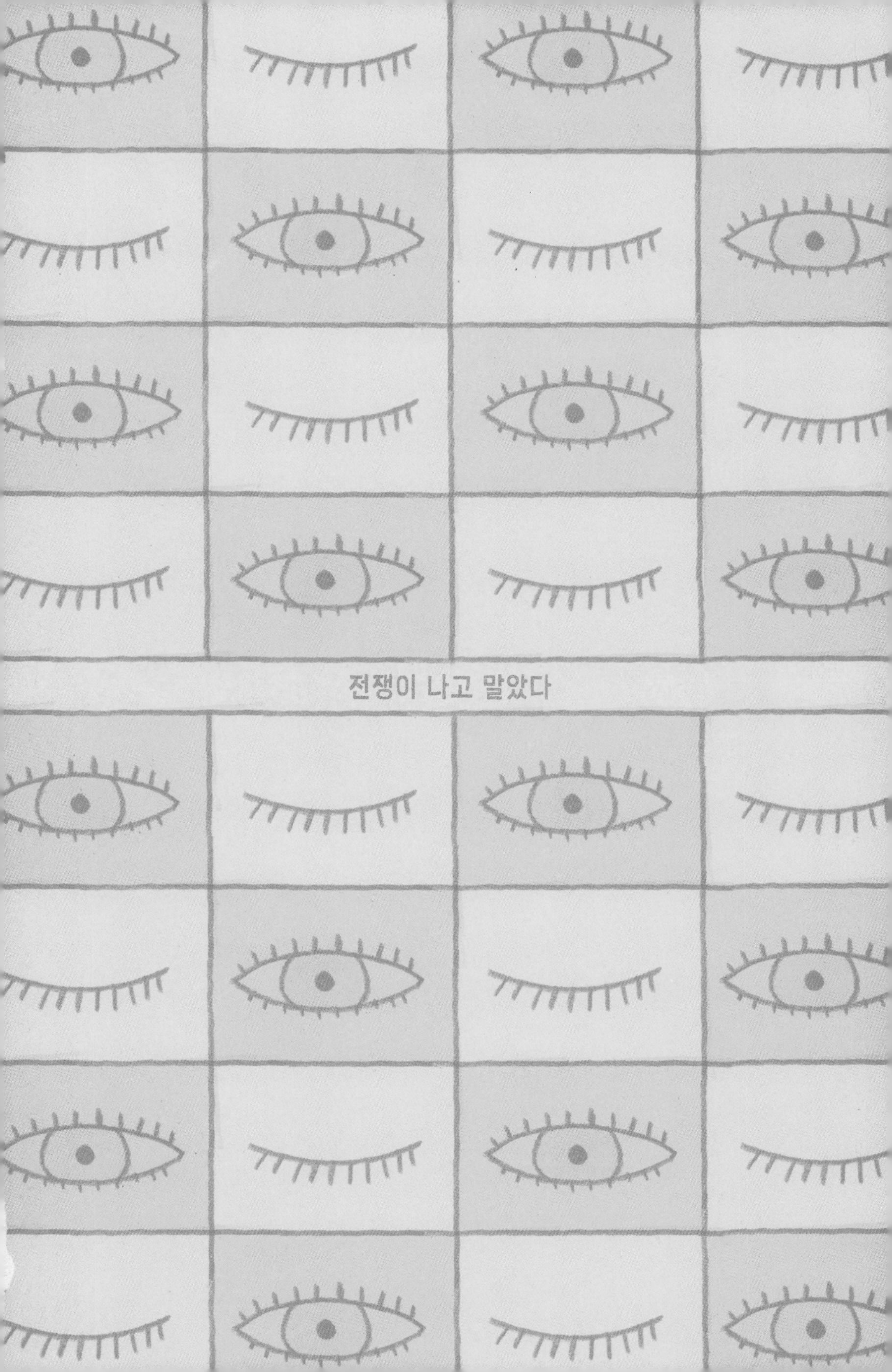
전쟁이 나고 말았다

DIARIES OF WAR

This Korean edition published by arrangement with Nora Krug c/o The Cheney Agency through Shinwon Agency.

전쟁이 나고 말았다

우크라이나와 러시아에서 보내온 두 편의 시각 기록물

노라 크루크 지음 | 장한라 옮김

엘리

* 이 책의 일부는 2022년 2월부터 2023년 2월까지 〈로스앤젤레스 타임스〉에 연재되었다.
〈레스프레소〉(이탈리아), 〈엘 파이스〉(스페인), 〈쥐트도이체 차이퉁〉(독일),
〈데 폴크스크란트〉(네덜란드)에도 일부 발췌되어 실렸다.

차례

Färöer
Shetland
Mare
del Nord
Irlanda
Gran Bretagna
Londra
La Manica
코펜하겐
Oslo
Elba
Berlino
Oder
파리
Senna
Parigi
Loira
Reno
Monaco
Danubio
G. di Biscaglia
Lione
Rodano
A L P I
Milano
Po
Pirenei
Ebro
Madrid
Corsica
Roma
Adriatico
Tirreno
Baleari
Sardegna
M E D

상트페테르부르크
리가
르비우
키이우
자카르파츠카
헤르손
이스탄불
G. di Botnia
G. di Finlandia
Stoccolma
Leningrado
Riga
Daugava
Dvina
Volga
Mosca
Vistola
Varsa
Kiev
Dnepr
Don
Dnestr
Carpazi
Budapest
Tibisco
Belgrado
Bucarest
Danubio
M. d'Azov
Mar Nero
Angora

들어가며

2022년 2월 24일, 러시아는 우크라이나를 향해 정당한 이유 없이 전면적 군사 공격을 시작했다. 그 나라, 그 문화, 또 그 사람들을 절멸하려는 목적이었다.

그 뒤로 며칠 동안 이 전쟁이 전개되자, 나는 키이우에 거주하는 기자 K와, 상트페테르부르크 출신이자 이 전쟁에 반대하는 예술가 D에게 연락해 안부를 확인했다. 두 사람 모두 온라인으로 딱 한 번 접촉이 있었을 뿐, 직접 만난 적은 없는 사람들이었다. 나는 날것 그대로인 이들의 대답에 마음이 흔들렸다. 그리고 이러한 개인들의 사적인 발화가, 이 전쟁에 관해 내가 미디어에서 접했던 그 어떤 내용과도 달리, 전쟁에 직접 영향을 받지 않는 우리 같은 사람들도 이 전쟁이 일상에 끼치는 끔찍한 여파를 이해하게 해주는 정서적 시작점이 될 수 있다는 사실을 깨달았다. 나는 두 사람의 경험을 인터뷰하고 나의 일러스트를 더해 각자의 개인적이고도 상반되는 목소리를 나란히 보여주는 주간 일기를 만들어도 괜찮을지 K와 D에게 물었다. 그러면 전쟁에 관한 의식을 곧바로 고취할 수 있을 터였다. 두 사람 모두 즉각 좋다고 응답했다.

그 뒤로 12개월 동안, 나는 두 사람과 각각 문자 메시지를 주고받았다. 괜찮은지, 무슨 생각을 하며 지내는지, 어떤 일을 겪고 있는지 매주 물었다. 일상적인 경험을 기록하는 데서 한발 더 나아가, 보다 심도 있는 존재론적 차원에서 전쟁이 이들에게 끼친 영향을 조명해줄 만한 질문들도 던졌다. 전쟁은 이들의 마음과 몸에 어떤 영향을 끼쳤을까? 전쟁은 이들이 가족과 맺는 관계를, 그리고 문화적 소속감을 어떻게 바꿔놓았을까? 그로 인해 죄책감, 희생, 배상, 앙갚음과 같은 말에 대해 전과는 다른 생각을 품게 되었을까? 우리는 왜 전쟁을 일으키는 것이며, 과연 전쟁에서 무언가를 배우게 되기는 할까?

그렇게 1년이 흐르는 동안, 평소라면 절친한 친구에게나 던질 법한 질문을 두 사람에게 던지다보니, 전에는 낯선 사람이나 다름없었던 K와 D를 더 잘 알게 되었다. 매주 실시간으로, 나는 이들이 들려주는 개별적인 이야기와 답변들이 일관성 있는 서사가 될 수 있도록 모양을 다듬었고, 둘의 익명성을 보장할 수 있게끔 몇 가지 세부적인 내용들을 바꾸었고, 두 사람에게 글을 보내 최종 확인을 받은 다음, 조사와 상상을 바탕으로 글에 더할 일러스트를 완성했다.

이 책의 일부는 2022년 2월부터 2023년 2월까지 <로스앤젤레스 타임스>에 연재되었다. <레스프레소>(이탈리아), <엘 파이스>(스페인), <쥐트도이체 차이퉁>(독일), <데 폴크스크란트>(네덜란드)에도 일부 발췌되어 실렸다.

*

우크라이나의 역사는 길고, 풍성하고, 복잡하다. 숱한 여느 유럽 국가들과 마찬가지로 문화적인 성취를 일구었고, 전쟁을 겪었고, 국경이 왔다갔다했다. 지금의 우크라이나 영토는 과거 여러 세기에 걸쳐 외부의 여러 정부, 연합, 칸국, 제국 들에 의해 통치되고, 억압되고, 식민 지배됐다. 20세기는 새로운 격변의 시기였다. 1917년 러시아 제국이 붕괴되자 우크라이나는 독립을 하고자 싸워나갔다. 이는 1930년대 스탈린의 정책에 따른 강압적인 러시아 문화로의 동화와 기근의 시기를 야기했다. 제2차 세계대전 기간에는 주축국들의 점령에 시달렸다. 그러고는 또다시 러시아화 시기를 겪었다. 1991년 소비에트 연방이 무너지자, 우크라이나는 다시금 독립을 선언했다.

소비에트 연방이 해체된 뒤, 우크라이나는 핵무기를 포기하는 대신, 다른 군비 축소 조인국들에게 국가로서의 주권을 보장받았다. 이 조인국들 가운데는 러시아도 있었다. 정치적 경제적 개혁에도 불구하고, 우크라이나는 불안정과 부패에 시달렸다. 우크라이나를 통제하려는 러시아의 시도 또한 계속해서 이어졌다. 이에 2004년에는 민주화 운동이 일어났고, 2013년 우크라이나 대통령이 러시아와의 결속을 공고히 하고자 유럽연합과의 자유 무역 협정을 저버리자 격렬한 시위가 벌어졌다. 이 시위는 민주주의적 가치를 확립하려는 운동인 '존엄의 혁명'으로 이어지게 된다.

얼마 지나지 않아 러시아는 크림 반도를 합병했다. 수 세기 동안 다양한 민족, 정부, 칸국, 국가, 제국 들이 차지하고자 다툼을 벌인 흑해의 이 반도는 1954년부터 우크라이나 소비에트 사회주의 공화국이 통치하고 있었고, 1995년부터는 완전히 합법적인 우크라이나의 관할 지역이었다. 우크라이나 동부의 돈바스 지역에서는 전쟁이 발발했다. 한편에는 우크라이나 군대와 친우크라이나 부대가, 다른 편에는 러시아의 지원을 받아 무장한 우크라이나 분리주의자들과 러시아 군대가 있었다. 무자비하게 사망자를 내는 전쟁이 돈바스 지역에서 이어지는 동안, 러시아는 핵심 기반 시설에 영향을 끼치는 사이버 공격을 연달아 벌이며 공세를 퍼부었다.

2022년, 러시아의 블라디미르 푸틴 대통령은 우크라이나인과 러시아인을 하나의 동질적인 민족으로 "재통합"하고, 러시아어를 사용하는 돈바스 지역 주민들에 대한 "학살"을 저지하며, 우크라이나의 "나치즘"을 척결한다는 구실을 내세워 또다시 우크라이나를 전면 공격했다. 우크라이나라는 나라의 역사적 형성, 주권, 그리고 고유한 문화적 정체성에 대해 의문을 던지며 말이다. 그렇게 푸틴 대통령은 역사와 국제법을 무시한 채, 러시아의 진짜 의도, 우크라이나와 우크라이나 문화를 식민 지배하고 파괴하여, 자신들의 전체주의적이고 극단주의적인 정치적 입장을 강화하고 영향권을 넓히려는 의도를 은폐시켰다. 국제연합과 전 세계 민주주의 국가들은 러시아의 침공을 맹비난했다.

*

D와 K의 정체성은 우크라이나의 역사만큼이나 복잡하다. 그들의 관점은 저마다의 가

족사, 직업 환경, 그리고 이들이 속한 고유한 문화적 경험과 정치적 현실을 통해 형성됐다. D는 독일인과 러시아계 유대인 조상을 두고 있지만, 독일이나 유대교에 문화적 유대감이 있지는 않다. D는 러시아 소비에트 연방 사회주의 공화국의 작은 마을에서 태어나 열두 살 때 상트페테르부르크로 옮겨 갔다. 어머니를 뵈러 갈 때나 고향 마을을 찾는다. 외국인들이 어디 사람이냐고 물을 때면, 러시아 대신 상트페테르부르크 출신이라고 얘기한다. 나라보다는 도시와 더 강력한 동질감을 느끼기 때문이다.

K는 소비에트 연방 시기 러시아 서부에 있는 볼가 지역에서 태어났다. 이누이트, 유대인, 카자크인을 조상으로 두고 있는데, 어린 시절 K의 할아버지는 자신이 살았던 카자크 마을 이야기를 들려주며 우크라이나 민요를 불러주었다. K는 열세 살이라는 어린 나이에 어머니와 함께 우크라이나의 크림 반도로 이주했고, 그곳에서 청소년기를 보냈다. 고등학교를 졸업한 뒤, K는 러시아로 돌아가 저널리즘을 공부하고 기자 생활을 시작했다. 블라디미르 푸틴 체제에 대한 반대 입장을 공공연히 표명하는 러시아 지역 신문의 편집장이었던 K는 러시아 연방 보안국과의 공조를 거부했고, 그 결과 신문사는 불시 단속을 받아 문을 닫아야 했다. 얼마 지나지 않아 K는 이번에는 우크라이나로 돌아가 기자 일을 이어갔다. 돈바스 전쟁이 시작되자, K는 전선 양쪽을 오가며, 우크라이나 언론과 크렘린에 반대하는 러시아 언론 모두를 위해서 뉴스를 보도했다. 2015년, K는 러시아 여권을 반납하고 우크라이나 여권을 획득했다. 어느 정도는 돈바스 전쟁을 취재했던 덕분에 가능한 일이었다. K는 더 이상 지금의 러시아와 문화적 동질감을 느끼지 않는다. 러시아가 우크라이나를 침공하자, 그녀는 전선으로 나가 보도를 이어갔다. 우크라이나의 자유와 가치를 지키겠다는 생각으로 자신의 일상을 희생하면서 말이다. 러시아에서 태어난 우크라이나 기자 K, 그녀의 관점이 유일무이하다고는 할 수 없으나, 다른 기자들보다는 훨씬 복합적일 수밖에 없는 것은 사실이다.

*

이토록 복잡하고도 상반되는 정체성을 지닌 두 개인의 목소리가 지금 우크라이나에서 벌어지는 전쟁을 이해하는 데에 어떻게 보탬이 될 수 있을까? 역사를 기술하는 데 있어 개별적 개인들의 서사는 대체로 간과되고는 한다. 그렇지만 이런 서사들은 전혀 다른 종류의 문을 우리에게 열어준다. 여러 역사학자, 기자, 작가 들이 찾아 헤매는 그것, 바로 진실을 미묘하고도 정서적으로 이해할 수 있는 문을 말이다. 사실이란 중요하면서도 이론의 여지가 없는 것인 반면, 개인의 경험이란 결코 완전히 객관적일 수 없는 무언가다. 그 경험을 생겨나게 한 정치적 상황을 완벽하게 조망하는 그림을 그려내지도 못한다. 그렇지만 개인적인 서사는 진실이 지닌 다양한 면면에 빛을 드리운다. 그러므로 진실을 이루는 중요한 요소다.

서로 다른 점은 있으나, D와 K 모두가 목격자다. 이 전쟁에서 인간이 치르고 있는 희생을 이해하려면 바로 이런 개인적인 목소리를 기록하는 일이 중요했다. 정치적 사건이 펼쳐지는 순간 추출되고 만 그들의 시간들 말이다. 『전쟁이 나고 말았다』는 기존의 특정 서사를 뒷받침하거나, 러시아 혹은 우크라이나의 전형적인 시각을 그려내거나, 우크라이나에 대한 러시아의 범죄적 전쟁의 이해를 돕는 안내서가 되는 것을 목표로 삼지 않는다. 화해의 공간을 만들어내려는 것도, 러시아인과 우크라이나인의 경험을 동등하게 취급하려는 것도, 러시아 측을 피해자화하거나 "좋은 러시아인"에 관한 이야기를 들려주려는 것도 아니다. 이 프로젝트의 목표는 이 전쟁으로 인해 국경 양쪽에 생겨난 두 서사의 냉혹한 대비를 기록하고, 둘을 양 페이지에 맞붙여둠으로써 D와 K의 다면적 정체성과 경험을 강조하는 것이다.

D와 K는 둘 다 소비에트 연방에서 태어났으면서도, 아주 다른 두 사회에서 오랜 기간을 살았다. 이 두 사회의 서로 다른 문화가 둘의 사고방식을 만들어냈다. D는 이 글에서 푸틴에 반대하는 입장을 공개적으로 표명했고, 이런 관점을 인터뷰하는 데에

응함으로써 일정 수준의 위험을 감수하고 있다. 그런 한편, 자신의 시각을 공공연히 드러내기가 겁이 난다는 사실도 인정한다. 그는 자기가 아는 사람들, 또 같은 의견을 공유하는 사람들만 믿을 수 있다. 자신의 생각과 기분을 타인에게 말할 수 없다는 사실은 그에게 두려움과 소외감을 안긴다. 반면, 기자로서 전쟁에 관한 공개적인 입장을 취하고, 전쟁에 관해 얘기하고 쓰는 일이 K에게는 주된 활동이자 책임이다. 그녀는 일을 통해, 친구와 동료, 또 자신이 인터뷰하고 글감으로 삼은 우크라이나인들과 연결된다. D와는 확연히 대조적인 것이, 자신의 생각을 얘기하는 일이 K에게는 생존 전략이다. K와 D 모두 낯선 상황에 처해 있고, 가족들과 떨어져 지낸다는 사실은 똑같지만, 둘은 전혀 다른 방식으로 전쟁을 겪고 있다. K는 자기 집에 폭탄이 떨어지거나, 친구와 동료들이 납치되거나 고문을 받거나 죽을까봐, 또는 우크라이나인 가족들이 해코지를 당할까봐 끊임없이 두려움에 떤다. D는 이보다 수동적이고 내면적인 고통을 겪는다. 전쟁 때문에 그는 조국을 사랑할 수 없게 됐으며, 감정이 마비된 기분이 든다. 우크라이나를 위한 일에 돈을 후원하고는 있지만, 공개적인 시위에 참여하기가 두렵다는 사실을, 또 자신은 활동가가 아니라는 사실을 시인한다. K의 목표는 뚜렷하다. 우크라이나가 전쟁에 이겨서 자신의 가족들이 다시 모이는 것이다. D도 가족들이 다시 모이기를 바라고는 있지만, 자신의 미래가 어떻게 될지, 어디에서 살게 될지, 또 자신의 조국이 과연 민주주의 국가로 나아갈 수 있을지, 그런 일이 어떻게 가능할지는 뚜렷하게 그려지지 않는다.

*

맨 처음 이 프로젝트를 구상했을 무렵, 과연 러시아인의 시각을 보여주는 일이 정당한지 확신이 서질 않았다. 지난 수십 년 동안 세계는 우크라이나의 자결권을 약화하는 한편으로 러시아의 수정주의적 서사를, 팽창 정책을, 학살 전략을 용인하고 또 그럼으로써 이를 간접적으로 유지시켰다. 나는 유럽인으로서, 우크라이나에서 벌어지는 전쟁이 유럽의 미래와 결부되어 있다는 사실을, 우리 유럽인들의 자유를 위해서 우크라이나 사람들이 죽음이라는 값을 치르고 있다는 사실을 잘 알고 있다. 나는 독일인으로서, 우리가 과거의 실수를 바로잡아야 한다고 생각한다. 이웃을 끌어안지 않는다면 민주주의는 그저 이상주의적인 개념에 지나지 않을 것이며, 폭압적인 체제의 공격을 받는 민주주의 국가에게 군사적, 재정적, 이데올로기적 지원을 적극적으로 내어줄 수 없다면 평화주의는 공허한 말로만 남을 것이다. 그런 한편으로, 나는 이 프로젝트에 외부자로서 발을 담그고 있다는 사실 또한 인지하고 있다. K와 D가 지닌 시각은 서유럽인인 내 관점과 전혀 다르다. 이들의 개별적인 이야기나 고유한 역사를 나는 공유하고 있지 않기 때문이다. 외부자인 나는 우크라이나의 고통이 어느 정도인지를 결코 완전히 이해하지 못할 것이다.

그렇지만 오늘날 식민주의적인 공격을 일삼는 러시아의 정치 체제는 꺼림칙하게도 친숙하게 느껴진다. 나치 체제에 적극적으로 가담하지도, 그렇다고 그에 저항하지도 않았던 단순 "동조자"의 손녀인 나는 모호하고, 복잡하고, 또 때로는 모순적인 서사들을, 그러니까 어쩌면 받아들이기 어려운 서사들을 부각하는 일이 중요하다는 사실을 잘 알고 있다. 독재 정권이 어떻게 형성되고 유지되는지를 이해하려면 이런 서사들이 꼭 필요함에도, 이걸 간과하는 경우가 많기 때문이다. 영웅을 칭송하거나 가해자를 비난하는 일은 쉽다. 그렇지만 양가적인 서사들이야말로 우리 자신의 수동적인 모습을 직시하도록, 그리고 우리의 도덕적 진실성이 지닌 불완전함을 직면하도록 우리를 독려한다.

비주얼 저널리스트로서 나의 책임은 바로 이 책에 등장하는 두 주인공의 시각을 진실되게, 그리고 정확하고도 세심하게 기록하는 것이다. 설령 두 사람과 내 의견이 다르다 하더라도 말이다. 나는 우리가 정부에 영향을 끼치며 변화를 일궈낼 수 있다고 확신한다. 불의에 적극적으로 저항하는 것이야말로 우리의 책임이라고 믿는다. 멀리 떨어진 곳에 살고 옆에서 구경만 하면서, 억압적인 체제 앞에서 어떻게 행동해야 할지 무얼 할 수 있는지 모르겠다고 생각하는 데 그쳐서는 안 된다. 행동에 나서기가 두렵다는 사실을 인정하는 일은, 더 깊은 내면에서 무언가를 직면하는 일의 시작점이 되어야 마땅할 것이다. 전쟁의 책임은 결코 단 한 명의 폭군이나 그 폭군의 프로파간다에만 물을 수 없다. 나치의 '제3제국'을 떠올릴 때 우리는 그것이 사람들이 실제로 내린 선택의 결과였다는 사실을 종종 잊고는 한다. 방관자로 남을 것인가, 또는 크건 작건 간에 의미 있는 방식으로 저항할 것인가라는 선택 말이다. 오늘날 우리에게도 선택지가 있다. 우리가 어떤 행동을 하겠다고, 또는 안 하겠다고 결단을 내리면 다른 사람들의 삶에 직접 영향을 끼치게 된다. 과거 억압적인 체제에 저항했던 사람들이 없었다면 오늘날 세상은 어떤 모습이 되었겠는가? 내일의 세상은 또 어떤 모습이 되겠는가?

겨울—봄

키이우에 전쟁이 났다는 사실을 알았을 때 내가 가장 먼저 한 일은 목욕이었다.

욕조에 삼십 분을 앉아 있었다. 지금 내 기분은 설명할 수가 없다.

그렇지만 이게 바로 푸틴이 지배하는 러시아의 끝이라는 것만은 알 수 있다.

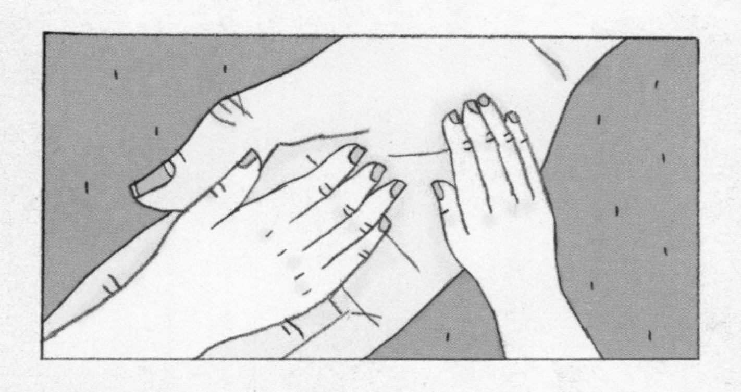

우리는 아직 아이들과 같이 키이우에 있다. 각각 두 살, 여섯 살이다.

아이들이 있는데 평정심을 유지하기란 쉽지 않다. 무섭다. 그렇지만

우크라이나는 매우 강하고, 우크라이나 사람들은 놀라운 사람들이다.

안전하게 르비우에 도착했다.

지금 우리는 1941년에는 게토였던 지역에서 지낸다. 창문 앞으로는 철도가 보인다.

삼십 분에 한 번씩, 시민들을 태우고 서쪽으로 가는 기차와,

탱크를 싣고 동쪽으로 가는 기차를 본다. 80년 전에는 나치가 이용했던 철도다.

그들의 기차는 유대인을 태우고 수용소로 갔고, 얼마 지나지 않아서는 르비우에서

사람들을 태우고 굴라크로 향했다. 부역자라는 혐의를 쓴 사람들이 많았다.

끔찍하다. 인생 최악의 나날이다. 푸틴이 내 조국을 죽이고 있다.
아직도 많은 사람들이 그의 편에 설까봐 겁이 난다.
아내와 같이 와인을 마시면서 이민을 가야 할지를 의논한다.

난 괜찮다. 그저 이민을 갈 방법을 알아보려고 한다.
아홉 살과 열한 살짜리 두 아이와 개 한 마리가 있다.
여권과 비자를 가지고 있는 건 나 하나뿐이다.

우크라이나에 있는 러시아인 친구와 연락을 하고 있다.
정보를 얻을 수 있게 도와주려고 한다.

D Week 1

요즘은 말이 잘 안 나온다. 12일째다.

이 악몽은 여전히 계속되고 있다.

기자들에게 장비, 방탄조끼, 헬멧을 지원하며 안전하게 취재할 수 있도록 돕고 있다. 오늘은 사이렌 소리가 들리지 않은, 몇 안 되는 드문 날이다. 나는 이런 순간을 "해피 아워"라고 부른다.

어젯밤에는 르비우 기차역에 갔다. 키이우에서 우리 아이들 옷을 가지고 와준 가족을 만나기 위해서였다. 기차역에선 수없이 많은 사람들이 모여 어디로 가야 할지를 고민하고 있었다.

모닥불을 피운 드럼통 가까이에서 몸을 덥히는 사람들이 많았다.

내가 전혀 쓸모없고 무력하다는 기분이 들었다.

나는 괜찮다고 말하련다. 그저 이민을 갈 방법을 알아보고 있고,
러시아 바깥에서 일을 구해보려 한다. 공식적으로는 페이스북이 막혀 있다.
그래도 VPN을 쓰면 여기서도 페이스북을 이용할 수 있다.

푸틴—쿠일로!(러시아 말로 "쿠일로"는 '좆'이라는 뜻이다.)
여긴 지금 자정이니, 잠을 청해봐야겠다.

D Week 2

매일 눈을 뜰 때마다 복통을 느낀다. 두려움, 분노, 증오가 뒤섞인 고통.
밤새 얼마나 많은 무고한 사람들이 목숨을 잃었을까?
오늘은 또 몇 명이나 죽게 될까?

나는 우크라이나를 떠나고 싶지 않다. 아이들은 다른 나라로 보내고 싶다.
나의 계획은 최근에 어머니가 피신한 덴마크로 아이들을 데려다주고,
돌아와 일에 복귀하는 것이다.

지난밤에는 거의 잠을 못 잤다. 새벽 두시 반에 사이렌이 울리기 시작했다.
나는 폭발음을 들으며 그대로 누워 있었다. 아이들은 괜찮다.
아이들은 밤에 아무 소리도 못 들었다.

좀 쉬어야겠다. 하루 종일 끔찍한 일들이 벌어졌다. 동료들은 살해됐고,
나는 지옥에서 겨우 빠져나온 사람들을 인터뷰했다.

계속 스트레스를 받는다. 그렇지만 처음처럼 패닉 상태는 아니다.

전쟁 둘째 날에는 아이들에게 전쟁에 관해 이야기를 했다. 무슨 일이 벌어지고 있는지 들려주었다. 아이들은 전쟁의 여파를 며칠 전 맞닥뜨렸다. 용돈을 모아 새로 나온 닌텐도 게임을 사려고 했는데, 그럴 수가 없었던 거다. 닌텐도가 러시아에서 게임 판매를 중단했기 때문이다.

내가 마지막으로 시위에 참여했던 건 알렉세이 나발니가 체포된 직후였다. 푸틴 체제에 반대하는 수많은 사람들을 볼 때마다 나는 무언가 지극한 행복을 느끼고는 했다. 그렇지만 그와 동시에, 이보다 많은 사람들이 푸틴을 지지한다는 사실을 자각하기도 했다.

여섯 살짜리 아들에게 지금 전쟁이 벌어지는 거라고 얘기했다. 아들은 울음을 터뜨렸다. 리투아니아에 살고 있는 유치원 시절 친구가 보고 싶어서였다. 둘은 매일 연락을 주고받으며 마인크래프트 게임 얘기를 나눈다.

아이들과 같이 바르샤바로 향하고 있다. 불꽃놀이라도 벌이는 것처럼 주변이 온통 시끄럽다. 거리에 우크라이나 사람들이 정말 많다.

코펜하겐에 도착했다. 이곳은 정말 조용하다. 불안한 건 비행기 소리뿐이다. 위협적으로 느껴지기 때문이다. 이곳에는 책이 어마어마하게 많고, 새가 노래하고 햇살이 깃드는 정원이 있다. 아이들이 안전한 곳에 있으니 정말이지 안심이 된다.

그렇지만 나의 조국이 불바다가 되고, 나의 남편이 빠져나오지 못한 채 여전히 그곳에 있는 마당에, 내가 여기에 가만히 있을 수는 없다.

K Week 4

푸틴을 지지하는 사람들을 알고 있다. 내 지인들 중에는 없지만.

이민을 가야 하는 또 하나의 이유를 꼽자면, 공공장소에서 본

바로 이 포스터다. "우리는 우리 것을 저버리지 않는다."

여기서는 자유롭게 숨을 쉴 수가 없다. 사람들이 들이닥칠지도 모른다는 두려움을 품고

살아간다. 정말이지 내 아이들은 이런 분위기에서 자라나지 않았으면 좋겠다.

나는 소비에트 연방이 무너진 뒤인 90년대에 십 대 시절을 보냈다.

바로 그때 나는 자유와 사랑에 빠졌다.

혼자서 이민을 갈 거다. 외국으로 나가 모든 걸 갖춘 뒤, 가족들을 부를 생각이다.

리가에 사는 친구가 네 달 동안 공짜로 지낼 수 있는 장소를 마련해주었다.

정말로 불안하고 두렵다. 가족들을 데려올 수 없으면 어떡하지? 돈을 벌 수 없게

되면 어쩌지? 그렇지만 또 한편으로는 숨통을 터야 한다는 사실도 잘 알고 있다.

러시아에서는 그럴 수 없다. 만약 거기서도 숨통이 트이지 않으면 어떡하지?

D Week 4

이곳은 화창하다. 봄이 오는 것 같다. 아이들은 처음에는 덴마크로 옮기는 걸
힘들어했다. 둘째는 웃지도 않고 먹지도 않았다. 첫째에겐 레고 세트가
더 생겼다. 마인크래프트와 해리 포터. 무척 행복해했다.

마리우폴 생존자들과 이야기를 나누고, 점령 지역의 사람들을 인터뷰하며 지내고 있다.
우크라이나를 떠나온 것 같지가 않다. 한밤중에 사이렌 소리가 들리고,
"조심해, 공습경보야, 모두 대피소로 내려가!" 하고 외치는 남편 목소리를 들은 것만 같다.
남편은 밤마다 욕실 바닥에서 잔다. 그곳에는 창문이 없기 때문이다.

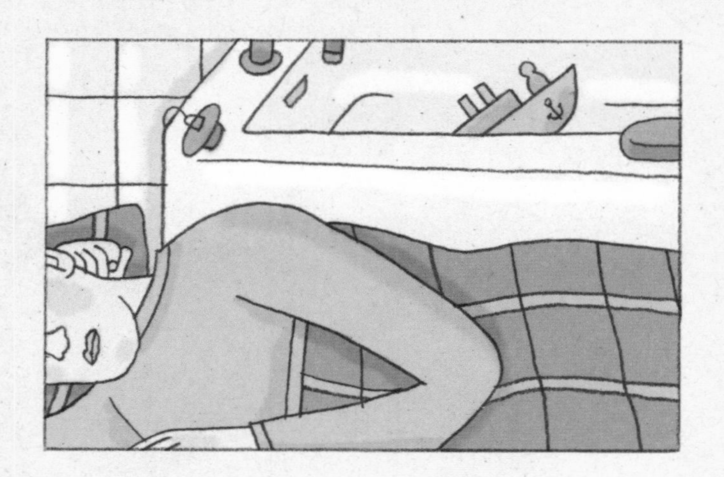

어제는 첫째 아들이 주전자 커버를 머리에 쓰고 마법사 흉내를 냈다.
우리더러 소원을 빌라고 했다. 나는 전쟁이 끝나기를 빌었다.
마법사가 말했다. "며칠 뒤면 소원이 이뤄질 것이다. 약속하마."

우리 집에는 텔레비전이 없다. 정치 선전은 보고 싶지 않다. 크렘린 궁에 비판적인 러시아의 매체 메두자(Meduza.io)와 노바야 가제타(Novaya Gazeta)에서 주로 뉴스를 확인한다. 조금 전 아내와 나는 볼로디미르 젤렌스키 대통령 인터뷰를 보았다. 엄청난 사람이다.

친구가 아닌 이들과는 전쟁 얘기를 하지 않으려고 한다. 내가 품은 생각을 누군가가 경찰에 알릴까봐 무섭다. 나는 활동가는 아니다. 그렇지만 전쟁이 난 바로 그날, 나는 청원서에 서명을 하고 이 전쟁에 반대한다고 모두에게 얘기했다. 경찰이 내 작업실에 찾아올지도 모른다고 생각했지만, 오지는 않았다.

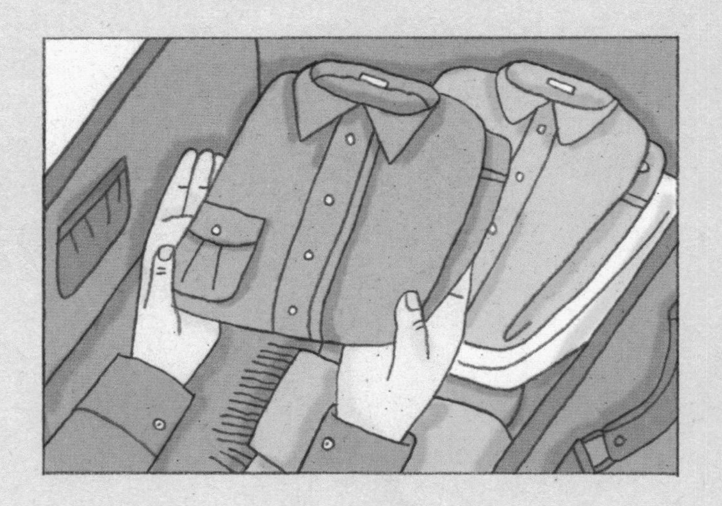

내일 기차를 타고 헬싱키로 갈 계획이었지만, 마지막 기차가 오늘 떠난다. 핀란드 철도회사는 러시아에서 모든 열차 운행을 중단했다. 그래서 버스표를 샀다. 핀란드에 사는 친구들이 고용 계약서를 보내주었고, 그래서 러시아 국경을 넘을 수가 있다. 내가 빠져나가지 못할 가능성도 있으니, 아이들에게는 내가 이민을 간다는 얘기를 하지 않기로 했다. 아이들은 할머니 댁에서 방학을 보내고 있다.

화요일이면 우크라이나로 돌아간다! 동료들과 함께 키이우에 있는 기자들을 위한
응급 의료 훈련 행사를 준비하고 있다. 아이들에게는 아직 내가 떠난다는 얘기를
하지 않았다. 아이들이 할머니와 같이 덴마크에서 잘 지내야 할 텐데.
키이우에 있는 우리 집에 너무 가고 싶다. 턴테이블, 책, 친구들이 그립다.
우리 집이 폭격을 맞았는지는 모르겠다. 마치 전쟁이라곤 나지 않은 듯
모든 것이 예전 그대로이기를 상상해본다.

어젯밤에는 아래쪽 지하실 어딘가에서 여자 목소리가 들렸다. 도와달라고
간청하는 목소리였다. 분명히 들었다고 생각했는데, 온 집 안을 확인해보았지만
아무도 없었다. 환청이었던 모양이다.

부차와 이르핀에서 벌어진 학살 현장 사진을 보았다. 머릿속에 떠오르는 생각은
단 하나였다. 이런 일들이 벌어지는 세상에서 어떻게 살 수 있을까.

오늘은 동료인 막스 레빈의 시신이 키이우 인근에서 발견되었다. 막스가 실종된 뒤,
나는 그가 부디 살아 있기를 바랐다. 러시아 포로로 잡혔을지도 모르는 일이니까.
막스는 3월 13일에 총살됐다.
네 아들을 둔 아버지이자, 내 친구의 남편이었다.

오늘 헬싱키로 향하는 버스를 탔다. 러시아 국경에서 두 시간도 넘게 머물렀다. 버스에 우크라이나인이 몇 명 타고 있었기 때문이다. 핀란드 국경에서는 아이를 하나 데리고 있는 우크라이나 여성에게 통역을 해주었다. 서류에 문제가 있었지만, 그 여성은 결국 입국 허가를 받았다. 그렇지만 핀란드 국경 수비대원들은 나는 들여보내주지 않았다. 일 때문이라는 근거가 충분치 않고, 내가 맞은 스푸트니크 백신은 유럽연합에서는 유효하지 않다는 거였다. 그래서 돌아왔다. 담배 한 대 피우려고 핀란드에 다녀온 셈이 되었다.

러시아 언론에서 우크라이나의 "탈나치화"를 정당화하는 기사를 읽었다. 이런 쓰레기 같은 걸 쓰는 사람이 있다니 납득이 안 된다. 러시아인들은 자신들의 과오를 직면해야 할 것이다.

내가 갈 만한 다른 곳들을 알아보고 있다. 에스토니아나 튀르키예가 되지 않을까. 우리 어머니는 상트페테르부르크 근처 작은 마을에 살고 있다. 푸틴 체제의 면면을 모조리 알고 있다. 그렇지만 내가 이민을 갈 계획이라고 하자 성을 내셨다. 혼자가 되는 게 두려우신 거다.

우크라이나인들에게는 이제 하루하루가 숫자다. 오늘은 45.
45일 동안 러시아는 우리가 사랑하는 것들을 죄다 파괴하고 있다.

나는 르비우로 안전하게 돌아왔다. 기자들에게 보호 장비 서른 벌 정도를 전해주었다.
러시아의 침공이 있은 뒤로 기분 좋은 일이 별로 없었는데
방탄조끼를 입고 헬멧을 쓴 기자들을 보니 기분이 좋았다.

K Week 7

시부모님은 키이우에 머무르기로 결정하셨다. 원래 도네츠크 분들이신데,
2014년에 전쟁이 나자 피신할 수밖에 없었다. 또다시 피신하고픈 마음이 없다신다.
몇 주 전, 아버님은 몇 시간 동안 기억을 잃으셨다. 처음에는 뇌졸중인 줄 알았지만,
병원에 가도 별다른 이상은 찾아볼 수 없었다. 아마도 그날 밤 시부모님 댁 위로
미사일이 지나가서 그랬던 게 아닐까 짐작한다. 아버님은 전쟁이 났다는 사실조차도
기억을 못 하셨다. 의사는 뉴스를 너무 오래 보시면 안 된다고 했다.
두 분은 손자들 사진을 보며 이 지옥을 헤쳐 나가고 있다.
우리 아이들은 전쟁의 아이들이 되었다. 부서진 세대가 되고 말았다.

전쟁이 나고 며칠이 지나자, 정부는 우리 집 근처에 러시아 국기를 달았다. 비가 내렸다. 그렇게 1~2주쯤 지나고 나니 국기는 마치 걸레짝 같아 보였다. 지난주에는 국기가 완전히 자취를 감췄고, 그 자리에 깃대만 남았다. 마치 바로 지금 러시아에서 벌어지는 일들을 보여주는 상징처럼 느껴졌다.

나치 시기 독일과 오늘날 러시아 사이의 평행 이론에 관해 점점 더 생각하게 된다. 러시아의 어느 문학 평론가는 "전쟁에 반대하는 것이 러시아를 위한 길"이라고 썼다. 나도 그녀와 같은 생각이다.

나는 늘 우크라이나라는 나라에 흥미가 있었다. 지금까지 키이우에 세 번 가봤다. 크림 반도가 점령된 뒤에는 울적한 기분이 들었다. 크림 반도에 정말로 가보고 싶지만, 러시아인인 이상 감히 그곳에 가서는 안 된다는 생각이 든다.

나처럼 예술가인 또 다른 동료 하나는 이 전쟁을 지지한다. 슬프다. 레닌그라드 봉쇄를 그림으로 그리는 예술가가 대체 어떻게 이 전쟁을 지지할 수가 있지?

키이우로 돌아왔다. 우리를 본 시부모님은 울음을 터뜨리셨다. 어머님은 펠메니를 만드셨다. 키이우는 너무나 어둡고 텅 비어 보인다. 우리 아파트는 고스란히 남아 있다. 난방이 되지 않아 춥지만 괜찮다. 2월 24일 이후 처음으로 목욕을 한다. 내가 목욕을 꿈꾸는 날이 올 줄이야.

러시아 점령에서 살아남은 주민들을 카메라에 담기 위해 키이우 인근 마을 카튜잔카로 갔다. 파괴된 러시아 탱크와, 빵과 감자를 배급받기 위해 줄 서 있는 사람들을 보았다. 마을에 입힌 피해를 보니, 대부분의 러시아인들은 이 침략을 지지하고, 우크라이나인에 관해선 아무것도 개의치 않는다는 생각이 들었다.

어제는 우리 집에서 첫째 아들과 영상통화를 했다. 첫째는 자기 방을 보더니 울음을 터뜨렸다. 아이는 키이우를 무척 그리워했지만, 이곳에는 그애에게 필요한 게 하나도 없으니 키이우로 돌아올 수는 없다고 말해주었다. 친구들도 없고, 유치원도 없고, 여전히 너무 위험하다고. 2주만 있으면 덴마크로 가겠다고 했지만, 과연 그렇게 될지 장담할 수는 없다. 보도를 하려면 여기 있어야 하니까. 나는 지쳤다. 그렇지만 누군가는 현장 동료들을 대신해야 한다.

어제는 창문에 Z 표시가 붙은 학교 옆을 지나갔다. 끔찍하다.
우리 아이들이 다니는 학교에 똑같은 일이 벌어진다면 나는 반대 목소리를 낼 것이다.
부모들이 반대해서 이런 표식을 뗀 학교가 있다는 소식을 들었다.

러시아인의 30퍼센트는 현 체제를 지지하고, 30퍼센트는 반대하고,
나머지 40퍼센트는 그냥 별 상관을 안 하는 것 같다. 경제적으로 문제없이 지내는
사람들이니까. 이 체제에 저항하려면 러시아인들이 무얼 할 수 있을까를 자주
생각하지만, 답은 나오지 않는다. 푸틴이 죽으면 바뀔 수도 있을 것이다.
그렇지만 나는 푸틴이 헤이그 법정에 서는 모습을 보고 싶다.

푸틴, 푸틴 정부, 푸틴의 경찰이 있는 여기에 나는 살 수가 없다. 다음 주에 이민을
갈 계획을 세워뒀지만, 우리 아이 생일도 그 주에 있다. 그래서 아이 생일 직후에
떠나려고 한다. 아직도 상트페테르부르크에 내가 얼마나 큰 소속감을 느끼는지를
생각한다. 이곳은 내 도시니까. 스무 살 때 여기로 이사를 왔다. 내가 무얼 하며
살고 싶은지 깨달은 것도 여기였고, 내 예술을 창작해낼 수 있었던 것도 여기였다.
도시 곳곳을 걸어 다니고, 폰탄카 강에서 자전거를 타고, 어두운 겨울을 견뎌내고,
종종 잠 못 이루게 하는 여름 백야를 즐기는 게 좋다.
이런 내 도시를 과연 떠날 수 있을까?

르비우로 돌아왔다. 호스토멜에서 아들을 잃은 여자와 이야기를 나누었다.

러시아인들이 별 이유도 없이 아들을 처형했다고 한다. 여자의 아들은 주민들이 도시를 탈출하도록 돕고 있었는데, 다른 남자 넷과 함께 붙잡혀 총알을 여덟 발 맞았다.

여자의 또 다른 아들은 부차가 포격을 당했을 때 부상을 입었다.

그 아들은 지금 병원에 입원해 있다. 무척 침통해하고 있다고 한다.

이런 일들이 벌어졌는데 어떻게 살아가야 할지 모르겠다고 여자가 말했다.

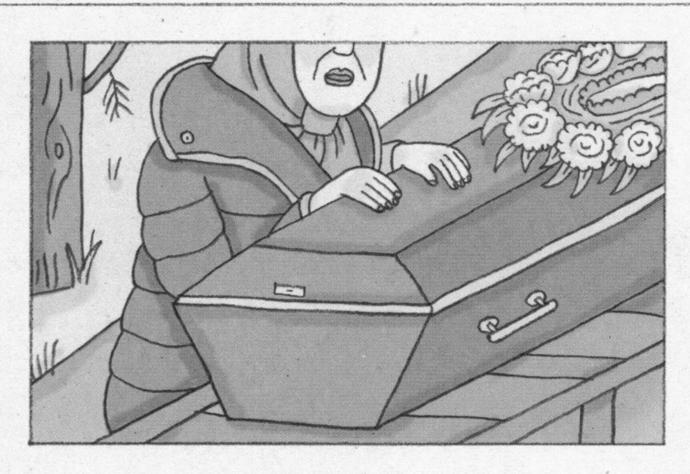

너무나도 피곤하고 불안하다. 휴대폰 앱에 따르면 나는 하루에 열 시간씩 휴대폰을 들여다보고 있다. 전쟁 때문에 정신이 나간 사람들이 많다. 러시아인을 향한 증오는 우리 자신을 향한 증오로 바뀌었다. 우크라이나에 머물렀던 사람들과, 유럽연합 지역에 있다가 이제 막 돌아온 사람들 사이에 싸움이 일어난다. 후자를 나약한 사람들이라며 비난하고 있다. 때로는 나 역시 너무나 화가 나는데 이런 감정을 어찌해야 할지를 모르겠다.

첫째는 월요일부터 코펜하겐에 있는 학교를 다닌다.

덴마크에 계신 어머니가 아이에게 선물을 주셨다. 책가방과 필통이었다.

아이는 무척 행복해했다. 첫 수업을 고대하고 있다.

올해 처음으로 민들레를 보았다. 보통은 봄이 오면 신이 나서 몸이 근질거린다. 그렇지만 올해는 아니다. 하루 종일 부차에서 들려오는 보도를 접하고, 군사 전문가들의 얘기를 듣고, 전쟁 현장의 사진을 본다. 무척 괴롭다. 러시아 군대가 전쟁에서 졌으면 좋겠다. 그렇지만 한편으로는 평범한 병사들이 죽지 않았으면 좋겠다. 푸틴이 죽기를 바라게 되는데, 그러면 기분이 좋지 않다. 전에는 한 번도 누군가가 죽기를 바란 적이 없으니까. 이제는 그랬으면 하는 마음이 든다. 머릿속에서 인지부조화가 일어난다.

정부는 5월 9일 승전절을 기념한다며 상트페테르부르크에서 준비를 갖추고 있다. 우리가 전쟁 가해자인 마당에 러시아인들이 대체 어떻게 이날을 축하할 수 있는 건지 납득이 안 간다.

예술가 친구들을 만나러 모스크바로 갔다. 이민을 생각하고 있는 친구들이 많았다. 친구 하나는 모스크바에서 열린 집회에 몇 번 나갔다. 한번은 경찰에게 체포당했다. 그러고는 치욕스러운 재판을 받으며 벌금 30,000루블을 선고받았다. 친구들이 그녀를 위해 돈을 모금했다. 내가 마치 비눗방울 안에 살고 있는 것만 같다. 내 주변 사람들 가운데는 전쟁을 지지하는 사람이 거의 없다. 이 나라 사람들은 오랫동안 두 가지 서로 다른 현실 속에서 살고 있다.

지난주 월요일, 첫째가 태어나서 처음으로 학교에 갔다.
그 순간을 아이와 함께해주지 못했다. 나는 버스를 타고 르비우에서 바르샤바로 가는
길이다. 거기서 코펜하겐으로 갈 거다. 아이들이 보고 싶다.
같이 놀고, 곁에서 자고, 아이들을 동물원에 데려가던 날들이 그립다.

딱히 종교인은 아니지만, 부활절이 되면 보통은 가족끼리 모였다. 케이크를 먹고
삶을 축하했다. 올해는 제각기 떨어져 보냈다. 남편과 나는 르비우에서,
시부모님은 키이우에서, 시조부모님은 수미에서, 아이들과 어머니는 우리와 1,500킬로미터
떨어진 코펜하겐에서. 예전에는 가족끼리 모이는 게 따분하다고 생각했다.
이제는 그게 너무나 그립다.

한 곳에서 다른 곳으로 끊임없이 이동하는 전서구처럼, 나도 내 물건과 메시지들을
이리저리 옮기고 있다. 전쟁이 나기 전에는 우리 동네에 보이는 새들을 촬영하고는
했다. 새와 새들의 차분한 모습을 보고 있노라면, 거기에는 무언가 마법 같은
힘이 있어, 어쩐지 마음이 치유되는 기분이 들었다. 전쟁이 나고, 주변에 있는
모든 게 폭파되고, 사람들이 죽어가지만 우리는 그저 한 마리 새일 뿐이다.
살던 곳에 사는, 삶이 여전한 하나의 생명체.

어제 우리 아이의 열한 번째 생일을 축하했다. 지금 나는 라트비아에서 친구 한 명과 차를 타고 가고 있다. 두 시간만 있으면 리가에 도착한다. 피곤하다. 우리는 별다른 문제없이 국경을 넘었다. 에스토니아는 러시아의 스푸트니크 코로나바이러스 백신을 인정해주기 때문이다.

러시아 국경에서 우크라이나 사람들이 가득 타고 있는 버스를 여러 대 보았다. 그 사람들은 세 시간도 넘게 기다려야 했다.

아이들에게는 일 때문에 라트비아에 간다고 얘기해뒀다. 그렇지만 여기로 이주할 방법도 찾아볼 참이다. 떠나기 전 작품 몇 점을 보내두었으니, 여기서 팔아봐야지. 수익의 일부를 우크라이나에 기부하고 싶다. 나는 활동가는 아니지만, 어떻게 하면 우크라이나 사람들을 도울 수 있을지 늘 생각한다. 작년에 노르웨이 정부에서 주는 예술 지원금을 받게 됐다. 재단에서는 2월 말에 내게 돈을 보내려고 했지만 보낼 수가 없었다. 나는 대신 그 돈을 우크라이나의 인도주의 단체에 기부해달라고 요청했고, 재단은 그렇게 해주었다.

너무 지쳐서 얘기를 나누기가 어려울 정도다.

지금처럼 덴마크에 있을 때면 우크라이나에 있는 남편과 가족들이 보고 싶다. 우크라이나에 있을 때면 아이들이 보고 싶다. 이 두 가지 삶을 함께 이끌고 갈 수 없다는 사실이, 동시에 두 장소에 있을 수 없다는 사실이 제일 슬프다. 전쟁이 몇 달이나 몇 년 동안 이어진다면 우리는 과연 어떤 삶을 살게 될까?

남편과 우리 보도팀 남자들이 걱정된다. 며칠 전 르비우에서 모였을 때 남자 동료들은 만약 보도 일을 하지 않고 군대에 소집된다면 적어도 스스로를 보호할 수 있는 헬멧과 방탄조끼는 얻을 수 있을 거라며 농담을 했다. 그들이 죽지 않았으면 좋겠다.

누군가 민간인을 죽이고 아이들에게 폭탄을 던지고 싶어할 거라곤 상상해보지 못했다. 그렇지만 러시아에선 매일 이런 임무가 내려온다. 전쟁에서 이기는 수밖에는 방법이 없다. 원하는 무언가를 내어준다면, 그들은 더 많은 걸 가져가려고 들 거다. 우크라이나가 이겨야만 한다. 푸틴이 죽으면 러시아가 바뀔 거라는 생각은 어리석다. 우리가 원하건 원하지 않건 러시아는 영원히 우크라이나의 이웃으로 남아 있을 테니. 그 사실이 너무나도 무섭다.

이곳 리가에서는 친구 어머니의 아파트에서 지내고 있다. 요리할 수 있는 부엌과
욕실과 고양이와 테라스와 꽃들이 있는 멋진 곳이다. 무척 이상한 기분이 든다.
아직 러시아에 있던 때는, 모든 걸 두고 떠나면 모든 게 쉽게 풀리리라 확신했다.
그런데 실제로는 그렇지 않다. 뉴스를 보기가 힘들고, 가족들과 떨어져 있는 게 힘들다.
어제는 에스토니아의 탈린에 가서 2년 반 전에 여기로 이민 온 친구를 만났다.
러시아에서도 아주 유명한 우크라이나 가수인 이반 도른의 공연에 갔다.
그는 전쟁 장면을 담은 영상을 보여주었다. 공연이 시작되는 바로 그 순간부터
금방이라도 울음이 날 것 같았다.

며칠 전에는 대중교통이 모두 무료였다. 라트비아 독립기념일 축하의
일환이었다. 1990년 라트비아가 소비에트 연방에서 독립한 것을 기념하는
날이었다. 나는 소비에트 연방에서 태어났다. 하지만 지금은 러시아가
고국이어서 아무런 연결고리도 느끼지 못한다.

이번 주에 러시아는 승전절을 기념했다. 승전절 전 며칠 동안은 항상 으스스하다.
군용기가 도시 위를 날아다녀서 아주 시끄럽다. 정부는 지금 벌이는 전쟁에
유리하게 활용하려고 이날의 의미를 바꾸었다.

D

Week 11

지난 목요일에는 코펜하겐에 있는 첫째 학교를 찾아갔다.
쉬는 시간에 어느 우크라이나 학생이 우크라이나의 랩 밴드 칼루시의 노래를 틀었다.
올해 유로비전 송 콘테스트에서 우승한 밴드였다. 우리 아이를 비롯해서
반에 있는 모든 아이들이 춤을 췄다. 모두들 무척 행복해했다!

시체들을 떠올려본다. 2014년 돈바스 전쟁 지역에서 취재를 시작했을 때
동료 하나가 "시체를 따라가라"고 말했다. 무슨 뜻인지 이해하지 못했었다.
그는 러시아인들이 러시아 군인들의 시체를 도네츠크에서 러시아로 어떻게 귀환시키는지를
취재하고 있었다. 우크라이나 전역의 냉동차에 죽은 러시아인들의 시체가 수백 구씩
보관되어 있는 모습을 보았다. 이들의 시체를 매장할 수 있도록 러시아로 운반하려는
사람은 아무도 없었다. 이는 우크라이나와 러시아 사이에 벌어진 전쟁에 관해
많은 사실을 알려준다. 러시아인들은 자국민들에게조차 관심이 없다.
자신들의 성전을 위한 총알받이로 이용할 뿐이다.

이제 리가에서 지낸 지 2주째다. 익숙해지고 있다. 가족들이 보고 싶긴 하지만,
그래도 거의 매일 통화를 한다. 아이들은 아빠가 언제 집으로 돌아오느냐고 묻는다.
아마 몇 주 뒤에는 이민에 필요한 서류를 준비하러 상트페테르부르크로 돌아갈 거다.

리가에 있는 이웃집 사람이 얘기하기를, 라트비아에 사는 러시아인 가운데는
푸틴 지지자가 많다고 한다. 그 사람들이 대체 왜 러시아에 안 살고 여기 사는지
의문이다. 승전절에는 리가에서 꽃을 들고 다니는 사람들을 많이 보았다.
그들은 승리 공원에 있는 소비에트 승리 기념비를 찾았다.
공원에는 경찰들이 많았고, 기념비 바로 주변 구역은 펜스가 처져 있었다.
꽃은 자원봉사자들에게 건네졌고, 자원봉사자들이 기념비 바로 앞에 꽃을 늘어놓았다.
이튿날, 리가 시 위생과에서 꽃을 수거했다는 소식을 온라인으로 접했다.
얘기하기로는 밤새 꽃이 얼어서 그랬다고. 어떤 사람들은 꽃을 새로 가져갔다.
승전절에 내가 마지막으로 꽃을 바친 건 어린 학생 때였다.

봄 – 여름

첫째는 일곱 번째 생일을 코펜하겐에서 맞이했다.
가까운 친구와 그녀의 아들을 초대해서 생일파티를 함께 열었다.
꼭 전쟁이 나기 전으로 돌아간 것 같은, 비현실적인 느낌이었다.

내가 알고 지내는 러시아인들과 먼 친척들은 푸틴과 러시아가
우크라이나에게 저지르는 범죄에 모두 반대한다. 그렇지만 그들과
얘기를 할 때면 마음 깊은 곳에서부터 분노가 치민다. 그래서 차라리
말을 섞지 않으려고 한다. 푸틴과 그 하수인들이 저지르고 있는 짓 앞에서
어떻게 눈을 감을 수 있을까, 어떻게 아무런 행동도 하지 않을 수가
있을까 생각하면 구역질이 난다.

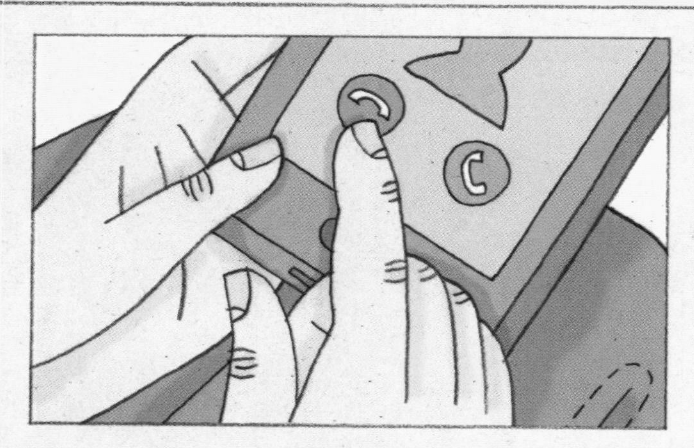

이번 주에는 세베로도네츠크에 사는 친구에게서 다시 소식이 들려오기를 기다렸다.
러시아인들이 끊임없이 포격을 해대는 지역이다. 그 친구는 활동가이고, 러시아에
반대하는 입장을 공공연히 밝히고 있기에 걱정이 됐다. 만약 러시아인들이 그를
생포한다면 분명 고문하고 죽일 것이다. 마침내 그 친구에게서 연락이 오자 너무도
안심이 되었다. 그는 가까스로 지옥에서 탈출했다. 키이우에서 만날 수 있기를.
이번 주에는 우크라이나로 돌아갈 것이다.

여전히 리가에서 지내고 있다. 이곳 사람들은 개방적이고, 친근하고, 신뢰가 간다. 내가 러시아인이라서 나와 얘기하고 싶어하지 않거나, 같이 일하기를 꺼리는 사람들이 있으면 어떡하나 걱정할 때가 있지만 그런 일이 벌어진 적은 없다. 이런 두려움이 그저 내 마음속에만 있는 두려움이기를 바란다.

세상에는 러시아인에 관한 부정적인 고정관념이 많이 있었다. 시간이 흐르면서 그런 시각이 차츰 바뀌어서 정말 기뻤다. 그렇지만 이제 다시 예전으로 역행하고 있다. 그리고 새로운 부정적인 고정관념도 생겨날 것이다. 러시아 문화를 배척하는 내용의 댓글을 읽은 적이 있다. 그런 글은 읽기가 힘들지만, 그런 내용을 쓴 사람들을 이해하려고 노력한다. 그들이 어떤 것을 겪고 느꼈는지를 나는 상상조차 해볼 수 없을 것이다. 그렇지만 우크라이나 사람들이 모두 그런 식으로 생각하지 않는다는 사실 또한 나는 잘 알고 있다.

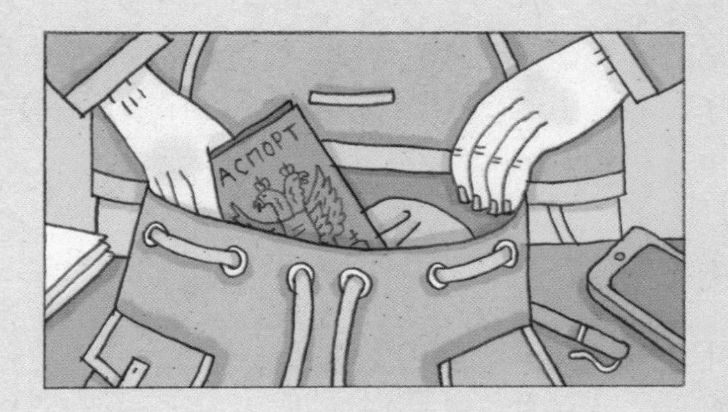

오랫동안 프랑스 한 단체와 협업을 해왔다. 그쪽에서 내 비자 신청을 도와주겠다고 제안했다. 프랑스 비자를 받게 되면 나와 가족들은 라트비아에서 90일 동안 체류할 수 있다. 유럽연합 안에서라면 어디든 유효하니까. 이번 주에는 서류를 준비하러 러시아로 돌아갈 것이다.

르비우로 돌아왔다. 아이들은 내가 코펜하겐과 우크라이나 사이를 오가는 데
익숙해졌다. 첫째는 이제 학교에 다닌다. 학교에 가는 게 그애에게는
아주 중요한 의미가 된 것 같다. 혼자가 아니라는 느낌을 주는 것이다. 나 역시
계속 옮겨 다니는 데 익숙해졌다. 바르샤바나 부다페스트에서 환승을 할 때면
거의 집에 온 것과 다름없는 기분이 든다.

남편은 아이들을 만나는 꿈을 꾼다! 아이들을 보지 못한다는 사실이 유일하게 남편을
불안하게 만든다. 아이들이 안전한 곳에 있어서 안심을 하면서도, 또 한편으로는
아이들을 너무 그리워해서 그애들을 보기 위해서라면 무슨 일이든 할 기세다.
아이들도 아빠를 보고 싶어한다. 이번 여름에 잠시 만날 계획을 세우고 있다.
우크라이나에서 만날 수도 있고, 유럽 다른 지역이 될 수도 있을 것 같다.

내일은 키이우로 돌아갈 생각이지만, 그 여부는 연료 수급에 달려 있다.
우크라이나 전역에 휘발유가 부족하다. 키이우에서 인터뷰를 몇 건 하고,
동부나 남부 지역으로 옮겨 취재할 예정이다. 그곳 상황들이 정말로 궁금하다.
돈바스 지역에는 여러 번 찾아간 적이 있어서, 그 지역에 관해서라면
내가 전 세계 대부분의 기자들보다 훨씬 심도 있게 보도할 수 있다고 생각한다.
최전선이지만 두렵지 않다.

지난 일요일에 상트페테르부르크에 돌아왔다. 국경에서는 아무 질문도 받지 않았고, 나는 자정 무렵에 집에 도착했다. 가장 먼저 반겨준 건 우리 집 개였다. 아이들은 이미 잠들어 있었지만, 아내는 나를 기다리고 있었다. 이튿날 아침, 아이들이 나를 껴안아주었고, 나는 라트비아에서 산 장난감과 H&M 셔츠를 아이들에게 주었다. H&M은 러시아에서는 영업을 중단했다. 이제 아이들에게 아침 식사로 팬케이크와 오믈렛을 만들어줄 수 있다. 잠들기 전, 러시아 탐정 이야기를 읽어줄 수 있다.

도시는 탈바꿈을 한 것만 같다. 모든 게 초록빛이다. 우크라이나 국기가 하나도 걸려 있지 않아 낯선 기분이 든다. 그 대신 지하철에 붙은 포스터에 Z라는 글씨가 적혀 있다. 정치적 견해 때문에 고발당할 수도 있다는 생각을 떠올리는 일이 내 러시아인 정체성의 일부가 되었다는 사실을 알게 되었다. 소비에트 시기에 벌어졌던 일들이 떠올라서 걱정이 된다.

라트비아에 가기 위한 서류를 공증받으려면 시간이 많이 걸릴 거다. 계획대로 안 되면 어떡하나 걱정이 될 때가 많다.

이틀 전, 여기 키이우에 있는 우리 집 근처에서 폭발음이 들려 잠을 깼다.
연기 냄새도 났다. 전쟁이 일어났던 첫날 같았다.

최근에 우리의 문화적 정체성에 관해 어머니와 이야기를 나누었다. 어머니는 스스로를 우크라이나 사람이라 여기지만, 실제로는 러시아계 유대인이다. 우리 부모님과 조부모님은 우크라이나와 가까운 볼가 지역에서 성장했다. 할아버지도 항상 우리 가족은 러시아 사람이 아니라 카자크 사람이라고 말씀하셨다. 할아버지는 당신께서 나신 카자크 마을 이야기를 자주 들려주셨다. 우크라이나 민요도 많이 아셨다.

크림 반도와 돈바스 지역을 점령했을 당시, 러시아 관료들은 가짜 운동을 꾸며냈다. 카자크 사람들이 자신들을 공격하고 고문했던 사람들에 저항해 운동을 일으켰다는 거였다. 할아버지는 이 "카자크 운동" 소식을 듣고는 잔뜩 화를 내셨다. 그것과 카자크 뿌리와는 아무런 관련이 없다고 하셨다.

러시아에서 자라긴 했지만, 나도 스스로를 러시아인이라고 생각해본 적이 없다. 열세 살 때 어머니와 나는 우크라이나로 이주했다. 어머니가 크림 반도에서 재혼을 했기 때문이었다. 나는 우크라이나 학교를 다녔고, 그 뒤에는 러시아로 돌아가 대학에서 공부를 했으며, 거기서 기자 생활을 시작했다. 러시아에서 몇 년을 보낸 뒤 다시 우크라이나로 돌아왔다. 우크라이나 시민권을 얻게 되자, 러시아 여권을 포기했다.

오늘은 취재를 하러 동쪽 최전방으로 간다.

어제는 아홉 살 난 우리 아이에게 애국심이 뭐냐고 물었다. 아이는 모르겠다고 했다. 그다음에는 "고국"이 뭐냐고 물었다. 아이는 태어난 곳이라고 했다. 만약 다른 곳으로 이사를 가면 고국에 대한 생각도 달라질 거냐고 물었더니, 안 그럴 거라고 했다.

러시아의 문화적 정체성이 무엇을 의미하는지 확신이 서질 않는다. 내게는 시베리아인과 유대인의 혈통이 있다. 나는 소비에트 연방에서 태어났지만 자라기는 러시아에서 자랐다. 나는 전쟁에 반대한다. 그러니 러시아 정부가 보기에 나는 반역자다. 그렇지만 외국인들이 보기에 나는 러시아인이다. 전쟁을 벌인 나라의 시민인 것이다. 나는 상트페테르부르크를 내 나라라고 느낀다. 누군가 출신지를 물을 때면 나는 러시아가 아니라 상트페테르부르크를 얘기한다. 2006년에 처음 해외여행을 가서 내 출신 국가를 이야기하자, 사람들은 죄다 눈과 곰과 조직범죄를 떠올렸다.

그러다가 그런 인식이 바뀌는 것을 목격했다. 그렇지만 지금은 원점으로 되돌아오고 말았다. 나는 러시아인에 대해, 적어도 예술과 문학을 사랑하는 이라면, 새로운 생각에 열려 있고, 긍정적이고, 다른 이들을 돕는 데 열정적이라고 말하곤 했다. 그렇지만 이런 건 내 상상에 불과한지도 모르겠다.

지금 나는 고향에 와 있다. 아이들과 함께 어머니를 뵈러 왔다. 우크라이나에서 목숨을 잃은 스물두 살 병사를 위해 며칠 전 이곳에서 열린 국장에 관한 소식을 읽었다. 러시아 전역에서 전쟁의 여파를 느낄 수 있다. 무덤이 많이 생겨날 것이다.

취재팀과 나는 어제 돈바스 지역에서 키이우로 돌아왔다. 내일은 슬로우얀스크 최전방으로 갈 것이다. 돈바스는 내게 고향과 다름없다. 러시아가 점령하기 전 나는 돈바스 지역에서 오랫동안 지냈다. 러시아의 마지막 공격이 있은 뒤 지난 8년 동안 사람들은 도시를 재건해왔다. 새로운 공동체가 부상하며 안락한 생활공간을 만들어냈다. 이제 그들의 꿈이 다시금 부서지고 말았다. 탱크, 군인, 구조대원 들을 너무나 많이 봤다. 그곳 사람들과 이야기하고 있노라면, 내일이나 다음 주에 또 공격을 받아 이들이 죽을 것 같다는 생각이 들었다. 고작 두 시간 동안에 폭탄 소리를 수십 번은 들었다. 러시아에서 쏜 미사일이 이렇게나 가까이 떨어지는데 나는 왜 이렇게 차분한가 의문이 들었다. 전쟁이 난 지 세 달이 넘어가고, 우리가 거기에 익숙해져서 그럴 것이다.

K Week 16

최전방과 지척인 마을의 지역 공무원을 인터뷰했다. 도시는 깜짝 놀랄 정도로 잘 관리되어 있었다. 어딜 가나 장미 덤불이 보였다. 주민들은 아이들과 거리를 거닐고, 청소년들은 스쿠터를 타고 다녔다. 평화로워 보였지만, 그렇다고 안전한 것은 아니었다. 공무원은 자신들이 살던 집 뒤뜰에 묻히고 있는 사람들 얘기를 들려주었다. 대포 공세가 사람들을 갈기갈기 찢어놓아, 손은 이쪽에, 머리는 저쪽에 나뒹군다. 수습할 수가 없어 며칠 동안 시체가 방치된 채 놓여 있다. 더러는 이웃들이 묻어주려고 나왔다가 포격에 죽는 경우도 있다.

비자 서류에 문제가 있어서 모두 처음부터 다시 준비해야 한다. 어떤 서류는 다음 달 말까지는 기다려야 할 것이라는 얘기를 들었다. 그렇지만 우리는 이 모든 일을 좀 더 차분히 받아들이게 되었다. 그리고 불필요한 스트레스를 너무 많이 받지 않으면서 계획을 진행하기로 마음먹었다.

친한 친구 하나가 러시아에서 콘서트 기획 일을 한다. 지난주 상트페테르부르크 문화위원회와 만난 자리에서 그는 콘서트 하나가 연기된다는 얘기를 들었다. 그들은 친구에게 목록을 하나 내밀었는데, 거기에는 전쟁에 반대하고, 그 견해를 공개적으로 밝힌다는 이유로 현재 러시아 정부가 공연을 금지한 음악인들 이름이 포함돼 있었다.

러시아군의 명예를 훼손하는 건 법으로 금지하고 있다. 전쟁에 반대하는 발언이나 행동은 거의 모두 군대를 비판하는 것으로 해석될 수 있고, 그렇게 되면 벌금형 또는 최대 10년의 징역형을 받을 수 있다. 친구의 공연 두 개가 이 금지령 때문에 연기되었다. 그 친구는 자신의 경력과 안전을 걱정하고 있고, 세르비아나 조지아로 이민 갈 생각을 하고 있다. 그렇지만 그 친구한테도 가족이 있어서 사정이 복잡하다.

이제 여름이 되었다. 그렇지만 과연 내게 여름 분위기를 즐길 권리가 있을까?

우크라이나 남쪽 최전방에 와 있다. 항상 포탄 소리가 들린다. 터지고, 터지고, 또 터진다. 그렇지만 삶은 이어지고 이곳 사람들은 서로를 애써 돕는다. 며칠은 물도 없이 생활해야 했고, 전기와 약품과 음식도 부족하다. (밀이 새로운 황금이나 마찬가지다!) 이들은 지옥을 살아내고 있고, 이 전쟁에서 지독히도 이기고 싶어한다. 우크라이나를 지지하는 이곳 활동가들 수백 명이 감옥으로 끌려갔다. 여기 배치된 군인들 몇몇과 이야기를 나누었다. 그들은 똑똑하고, 용감하고, 유머 감각이 뛰어나다.

미콜라이우 동물원에 집속탄이 떨어졌다. 러시아인들은 동물원을 최소 여덟 번 포격했다. 다행히 다친 사람은 없다. 대체 왜 동물원을 포격하는 걸까. 하르키우에 있는 동물원도 몇 달 전에 폭격을 받았고, 수많은 동물과 사육사 세 명이 죽었다. 동물원 원장은 예전에 이곳을 방문했던 다이애나비와 함께 찍은 사진을 자랑스럽게 보여주었다. 이 동물원은 그의 인생이었다. 그것이 지금 크나큰 위협을 받고 있다. 기린에게 이렇게 가까이 다가가보기는 처음이다.

K Week 17

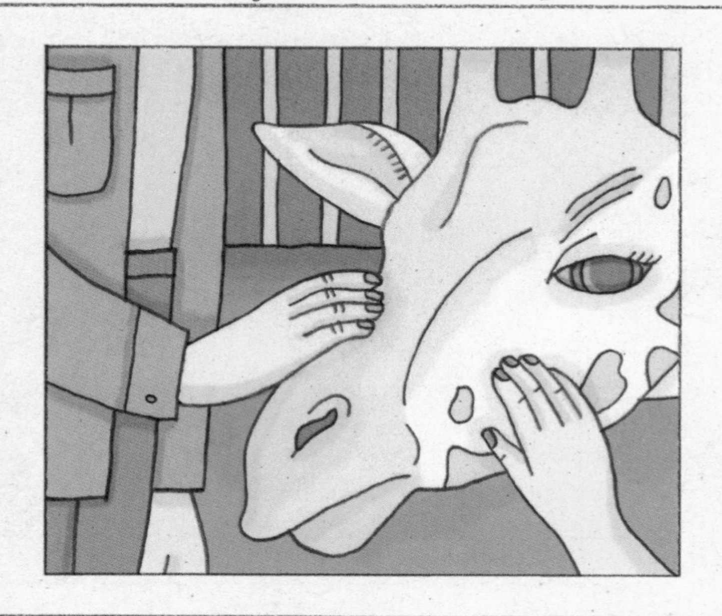

슬로우얀스크에서 엘레나라는 여자를 만났다. "혹시 차가 필요하세요?" 여자는 웃음을 터뜨리며 이렇게 묻고는, 도로에 있는 불타버린 자동차 잔해를 가리켰다. "이 차 더 이상 필요 없다고 차 주인이 저한테 알려줬거든요." 엘레나의 집은 며칠 전 포격을 받았다. 한밤중에 일어난 일이었지만, 다행히 그녀는 무사했다. 그 공격으로 엘레나의 이웃 세 사람이 죽었다. 집에 있던 물건들은 거의 다 망가졌지만 꽃병 하나는 살아남았다. "포격당한 아파트들이 약탈당하지 않게 살피고 있어요. 약탈해 가는 사람들이 많거든요." 그녀가 말했다.

친구들 몇 명과 차를 타고 모스크바에서 리가로 갔다. 이번에는
벨라루스를 거쳐서 갔다. 딱히 서류를 보여달라는 말은 없었고,
빠르게 라트비아로 들어갈 수 있었다. 가족들을 데려올 때
이 경로를 이용하면 좋을지도 모르겠다.

지난해, 벨라루스 사람들은 대통령에 반대하며 시위를 했다.
뉴스로 시위 소식을 챙겨 들었다. 벨라루스 사람들이 성공을 거뒀으면 했지만,
안타깝게도 사태는 악화되기만 했다. 벨라루스에 있는 음악 프로듀서인 친구
하나는 시위에 참가했다가 결국 투옥돼 고문을 받았다. 석방된 뒤에
조지아로 탈출해, 지금은 그곳에서 생활하며 음악 행사를 기획한다.
차를 타고 벨라루스를 지나는 길에 혁명 시도가 남긴 흔적을 찾아보려 했다.
그렇지만 보이는 것은 끝없는 밀밭뿐이었다.

지난 금요일에는 벨라루스 밴드의 콘서트에 갔다. 알고 지낸 지 10년이 넘는 밴드다.
가까운 친구 하나가 상트페테르부르크에서 그 밴드의 공연을 기획하곤 했다.
전쟁이 나자 이 밴드는 러시아에서 공연을 하지 않겠다고 선언하며 모든 공연을
취소했다. 지금은 폴란드와 발트해 국가들을 돌며 투어 공연을 하고 있다.

내 미래가 어떻게 될지 여전히 모르겠다. 번번이 혼란스러운 상태에 빠진다.
지난 주말에는 리투아니아의 빌뉴스에 갔다. 아름다운 도시고,
러시아어를 하는 사람들이 많다. 그렇지만 계속 불안한 기분이 들었다.
나는 이 전쟁을 일으킨 나라, 바로 러시아에서 온 사람이라는 사실 때문이었다.

지난주에는 일이 많았다. 미콜라이우 사람들을 인터뷰했고, 국가비상국의 훌륭한 대처를 눈으로 직접 확인할 수 있었다. 그들은 쉬지 않고 미콜라이우 전역의 집과 농지에서 지뢰를 제거했다. 그들과 하루 종일 동행했는데, 폭탄 여섯 개와 러시아 우라간 미사일 일부를 발견했다. 팀원 하나가 폭탄 발사체를 내게 건넸다. 당시 바깥 온도가 40도 이상이어서 무겁고 뜨겁게 느껴졌다.

전쟁이 일어났어도 수확을 이어가야 하는 농부와도 얘기를 나눴다. 인터뷰 도중에, 우리와 불과 200미터 떨어진 곳에서, 우크라이나 군대가 러시아 쪽으로 미사일을 몇 개 발사했다. 농부는 그저 어깨를 으쓱하고는 말았다. "별일 아니에요. 그냥 우리를 방어하는 거니까요." 그가 말했다. 그러고 우리는 서둘러 그 자리를 빠져나와야 했다. 러시아가 보복 포격을 할 것 같았으니까. 그렇지만 러시아 쪽은 아무것도 쏘지 않았다. 내가 운이 아주 좋은 것 같다.

동맹국들이 너무 오래 망설이느라 어느 날 우크라이나에 무기가 떨어질까봐 걱정이다. 그러면 러시아는 수많은 사람들을 더 죽일 것이다. 며칠 전, 러시아는 키이우에 또 한 번 미사일을 쏘았다. 친구 아파트 건물 근처에 떨어졌지만, 친구는 안전하다.

덴마크가 나와 우리 가족에게 2년짜리 체류 허가와 아파트 하나를 제공할 거라는 소식을 들었다. 크나큰 특권이라고 느껴진다. 지금 나는 폴란드 국경에 있다. 다시 코펜하겐으로 향하는 길이다. 아이들을 만나 방학 동안 우크라이나로 데려올 예정이다. 아이들은 전쟁이 나고 네 달 동안 아빠와 할머니 할아버지를 만나지 못했다. 비교적 조용하고 안전한 곳에 모여 지낼 생각이다.

이번 주, 라트비아에서는 하지 축제인 '리고'가 열리고 있다.
리가는 아주 더워서 나는 바닷가에서 시간을 좀 보냈다. 왜인지는 모르지만,
이번에는 여기 도착하자마자 가족들이 무척 그리워지기 시작했다. 지난번 왔을
때보다 훨씬 더 그리웠다. 휴가 때 가족들을 데려올 수 있는 바다 근방 호텔을
찾아보았다. 그런 식으로 아이들에게 라트비아를 소개해줄 수도 있을 것이다.
러시아 바깥에서 시간을 보내면서 조금은 긴장을 풀 수 있었으면 한다.

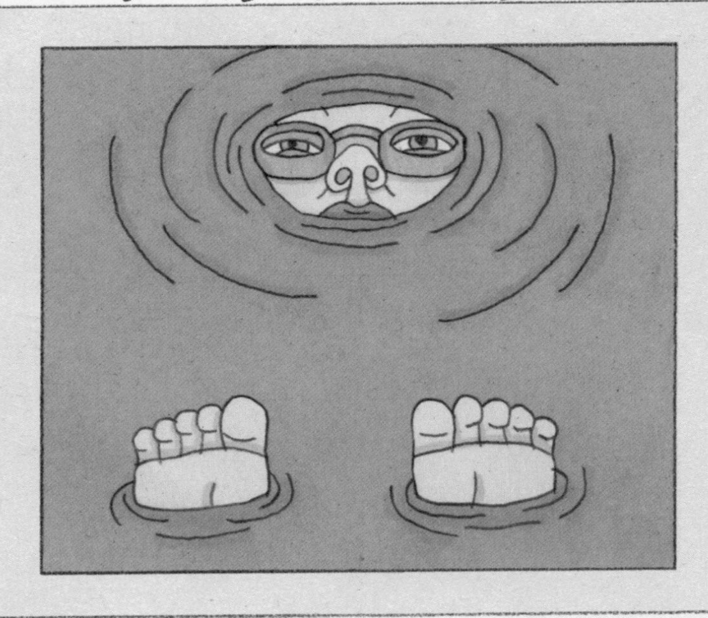

지난주, 아내는 비자 신청 센터에 갔다. 그쪽에서 서류를 받아주어서, 1~2주 정도
있으면 아내가 비자를 받을 수 있지 않을까 생각한다. 친한 친구 가운데 한 명은
남편, 두 아이, 반려견과 함께 프랑스로 이민을 간다. 상트페테르부르크에서
송별회가 있었고, 나는 온라인으로 참석했다.

상트페테르부르크의 예르미타시 미술관 관장 인터뷰를 읽었다. 인터뷰에서 그는
최근 미술관이 해외에서 개최한 전시가 그 나라들에 맞서는 "문화 공세",
즉 "특수 작전"이라고 설명했다. 그는 말했다. "우리는 더 이상 후퇴하지
않습니다. 방향을 틀었죠. 우리 모두가 군국주의자고 제국주의자입니다.
우리나라는 세계사를 바꾸고 있습니다." 끔찍하다.
인터뷰가 계속 떠오르고, 그가 그런 말들을 했다는 게 믿기지 않는다.
몇 년 전, 함께 준비한 전시 자리에서 관장을 직접 만난 적이 있다.
그의 말을 읽는 게 정말로 힘들다.

D Week 18

코펜하겐에 왔다. 이곳은 조용하고 아름답다. 그렇지만 아침에 일어나 시내로 나가 장을 보는데, 갑자기 미사일이 떨어져 죽는다고 상상해보라. 이게 바로 우크라이나 사람들이 매일같이 두려워하는 일이다. 푸틴은 우크라이나에 쏠 미사일을 얼마나 더 늘어세워두고 있을까? 수십 년 동안 러시아를 연구한 전문가, 기관, 싱크 탱크가 얼마나 될까? 수백? 수천? 그런데도 그들 대부분은 러시아가 우크라이나를 침공했을 때 경악했다. 대다수의 전문가가 러시아의 식민주의를 연구해본 적이 없었다. 맹점이다.

침공 초반 이래 바뀐 게 많지 않다. 우크라이나는 버티려 하고 있지만, 물가가 이례적일 정도로 높다. 점령 지역의 삶은 어떨지 상상조차 어렵다. 그들은 네 달도 넘게 점령의 결박에서 풀려나기를 기다리고 있다. 변변한 음식, 물, 돈도 없다. 수백 명이 납치당해 투옥되거나 고문을 받거나 심지어는 죽임을 당했다. 그들은 대포 소리에 안도감을 느낄 것이다.

제일 큰 좌절은 어디서 살아야 할지 모르겠다는 사실이다. 아마 똑같은 문제로 고심하는 우크라이나 사람들이 많을 것이다. 내가 우크라이나에서 일하고 서로 다른 전쟁 지역을 오가는 동안, 우리 아이들은 코펜하겐에 있다. 그렇지만 좋은 소식이 있다. 남편, 시부모님, 아이들과 나는 카르파티아산맥에 있는 게스트하우스로 갈 예정이다. 거기서 가족이 모여 짧은 휴가를 보낼 것이다. 더없이 행복하다.

어제 상트페테르부르크로 돌아왔다. 여기는 30도가 넘어가서 덥다. 거리에는 사람들이 많다. 모두 행복하고 근심 하나 없어 보인다. 사람들은 길가에 자리 잡은 바와 식당에 앉아 먹고 마신다. 마치 전쟁이 벌어지고 있지 않은 것만 같다. 우크라이나가 러시아 국경 인근 도시인 벨고로드를 폭격했다는 뉴스를 읽었다. 끔찍하지만, 전쟁은 바로 이런 것이다. 단순한 "특수 작전"이 아닌 것이다.

이틀 전, 세상의 종말 같은 모습이 꿈에 나왔다. 누군가와 들판을 걷고 있었는데, 갑자기 하늘이 찢어지며 쩍 갈라졌다. 깨어보니 이른 새벽이었다.

러시아 국경이 다시 열렸다. 이제부터는 러시아를 떠나 다른 나라로 갈 때 외국에서 발급한 노동 허가증을 보여주며 증빙을 하지 않아도 된다. 아내와 나는 이민 계획을 계속 의논 중이다. 아내는 자기가 아이들을 데리고 러시아에 머무는 동안 내가 먼저 라트비아에서 노동 허가를 받는 게 제일 좋은 방법이라고 생각한다. 아내는 당분간은 상트페테르부르크에 있는 학교에 아이들이 다녔으면 하고 있다. 그렇지만 학교에서 정치 선전을 가르칠까봐 우리 모두 걱정이 된다. 러시아 정부는 애국심에 관한 특별 교육 프로그램을 새로운 수업으로 도입한다고 발표했다. 그렇지만 그게 대체 무슨 뜻이란 말인가?

카르파티아산맥에 있는 자카르파츠카에 남편, 시부모님, 아이들과 함께 있다.
제2차 세계대전 이전에는 헝가리 영토였던 곳이다.
게스트하우스 근처 마을들은 13~14세기에 생겨났다. 이곳은 아름답고 평화롭다.
시부모님은 이 지역을 처음 와보는데, 정말 좋아하신다.
게스트하우스에 수영장이 있어 아이들은 물속에서 살다시피 한다.

여기 도착하기 전, 우리가 모이기에는 이곳이 가장 안전한 장소일 거라고 가족들에게 얘기했다. 러시아가 이 지역을 포격하지는 않을 터였기 때문이다. 여긴 헝가리와 가깝고, 헝가리의 국무총리는 푸틴의 친구다. 그렇지만 둘째 날 밤, 우리는 공습경보 소리에 잠을 깼다. 시부모님은 미사일이 쉬익 날아가는 소리를 들으셨다고 했다. 순항 미사일일 거라고. 두 분이 사시는 키이우에서 워낙 자주 들으셨기 때문에 아주 잘 알고 계신다. 전혀 무서워하지 않으셨다.

오늘 러시아가 빈니차에서 사람들이 많이 사는 동네에 미사일을 쏘았다. 어린 소녀가 죽었고, 나는 이 뉴스를 듣고 억장이 무너졌다. 소녀의 어머니는 살아남았지만 여러 군데 부상을 입고 병원에 있다. 의사들은 아직 딸이 죽었다는 얘기를 하지 않았다. 살려는 의지를 잃게 될까봐 걱정되어서다. 죽은 소녀는 둘째와 같은 나이였다. 나는 소녀의 영상을 보며 울었다. 그 여자가 나고, 이 아이가 우리 아이라면 어땠을까? 나는 우크라이나의 항복을 지지했을까? 그렇게 해서 이 모든 걸 끝낼 수 있다면?

이번 주는 평범한 일상을 회복했던 듯하다. 아침 일곱시 삼십분에 일어나, 개를 산책시키고, 아이들에게 아침 식사를 만들어준 뒤, 장을 보러 간다. 장애인을 돕는 자선 도서 판매 행사에 참여했다. 사람들이 많이들 책을 기증했다. 책을 승합차에서 내리는 일을 도왔다. 못해도 4톤은 되었다. 행사를 돕는 사람들이 많았는데, 이들 가운데 전쟁에 반대하는 사람들이 많을 거라고 확신한다. 내겐 굉장히 뭉클한 경험이었다.

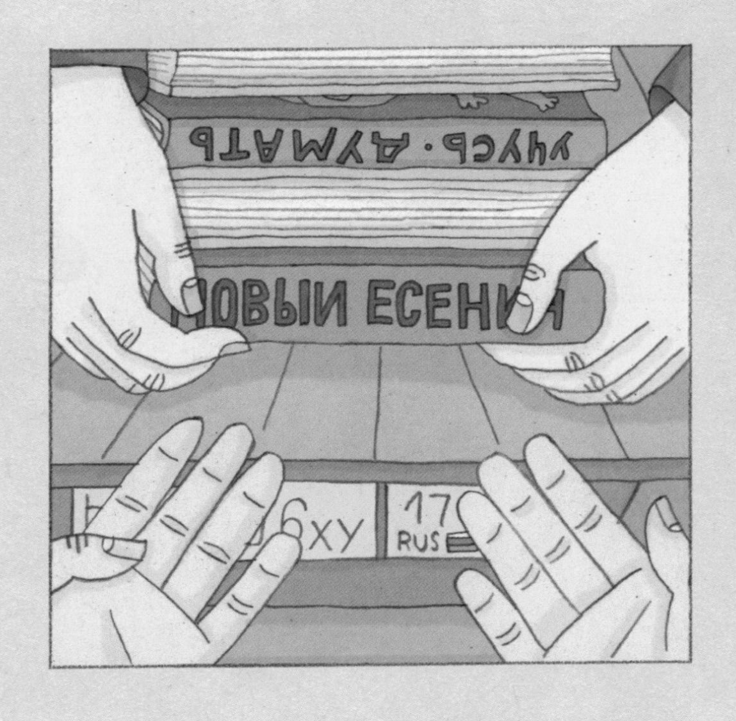

러시아 문화를 가장 적극적으로 배척하는 곳은 다름 아닌 러시아다. 이제 러시아 당국은 수많은 러시아 작가들과 음악가들의 활동을 금지하고 있다. 일주일 전에는 연극 연출가 세 명이 해고를 당했다. 러시아에 남는 게 더 무서운지, 아니면 이민을 가는 게 더 무서운지 아내에게 물었다. 아내는 떠나는 게 더 무섭다고 했다. 외로울 거 같다고, 삶의 진정한 목적이 사라질 것 같다고. 나도 겁이 난다.

우크라이나 빈니차가 또다시 포격을 당했다. 이 끔찍한 일들을 뭐라고 설명해야 할지 모르겠다. 사람들이 계속 죽어간다. 절망감에 어안이 벙벙하고 아무것도 할 수가 없다. 내가 결국 어디에서 살게 되건, 계속 이런 기분이 들 거라는 사실을 잘 안다. 내가 있는 곳은 바꿀 수 있지만, 이런 기분은 바꿀 수가 없다.

아이들을 할머니, 할아버지, 아빠와 함께 카르파티아산맥 숙소에 두고
우크라이나 서쪽에 있는 테르노필에 간다. 친구 결혼식에 참석하기 위해서다.
경보나 미사일이 훼방을 놓지 않기를.

우크라이나는 그다지 개방적인 국가였던 적이 없다. 너무 오랫동안 소비에트
체제의 일부로 지냈기 때문이다. 그리고 소비에트 연방 자체는 반유대주의적이었다.
우크라이나에서 반유대주의 농담을 들은 적이 많다. 또, 극우 단체가 인권 활동가,
좌익 활동가, LGBT를 공격하는 것도 많이 보았다. 키이우에서 LGBT 행사가
열리면 참석하고는 했는데, 그럴 때마다 우익 과격파들이 참가자들을 공격하는 걸
보았다. 어떤 이들은 몽둥이를 휘두르기도 했다. 어떨 때는 경찰이 개입했고,
어떨 때는 개입하지 않았다. 그렇게 공격하는 사람들 가운데는 나치 문양과
히틀러 문신을 새긴 자들도 있었다. 개인적으로 알고 지내는 사람 중에 그 상징을
좋아하는 이는 없지만, 나는 문신이 아닌 행동을 보고 사람들을 판단하고 싶다.
나는 폭력을 혐오한다.

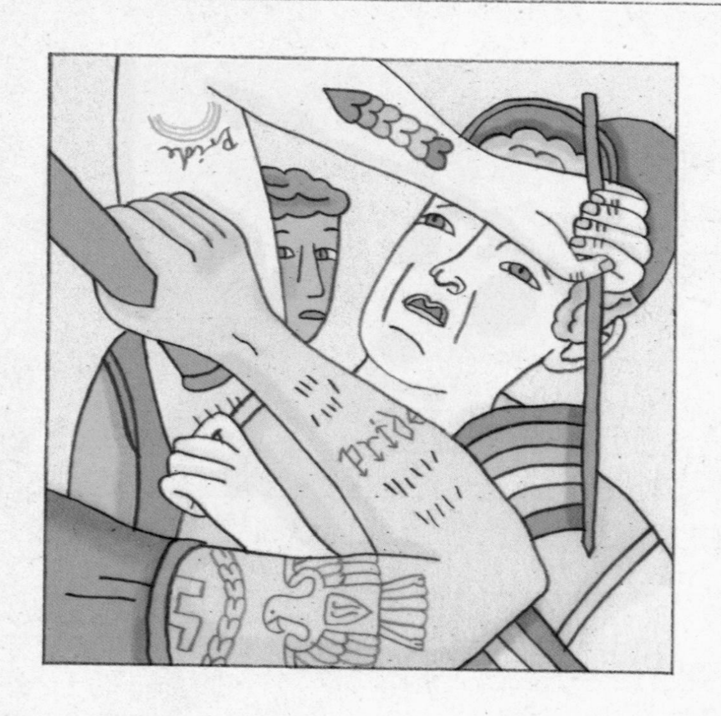

푸틴은 그런 과격파들을 비난하며 러시아가 우크라이나를 공격하고 점령하는 걸
정당화했다. 심지어는 유대인인 우리 대통령이 나치라고까지 비난했다.
러시아 관료들은 거짓말에 능하고, 전 세계가 자신들을 어떻게 생각하는지
신경 쓰지 않는다. 그 어떤 것으로도 이 점령을 정당화할 수는 없다.

삶은 계속되지만, 이제는 끊임없는 슬픔이 곁을 지킨다. 이런 기분을 느끼며 어떻게 살아가야 할지 아직은 모르겠다. 어떻게 자신감을 되찾을 수 있을지. 어떻게 하면 아이들이 겁을 먹지 않도록 얘기를 해줄 수 있을지. 매일 규칙적으로 일을 하는 게 도움이 된다. 사랑하는 사람들에게 둘러싸여 지내는 것도 물론. 어제는 상트페테르부르크에 있는 우리 동네에서 산책을 했다. 그것도 조금은 도움이 됐다.

지금 우크라이나에서 벌어지는 일을 "탈나치화"라고 표현하는 건 완전히 정신 나간 정치 선전이다. 물론 세계 어느 곳에나 그렇듯이 러시아에도 나치가 있다. 이따금씩 거리에서 벌어지는 싸움이나 폭력 사건 이야기를 접한다. 대부분은 옛 소비에트 공화국 연방 출신 아시아인들을 대상으로 한 폭력이지만, 다른 사람들을 대상으로 삼기도 한다.

17년 전, 내 친구의 친구 하나가 반파시즘적인 시각 때문에 길거리에서 네오나치에게 공격을 당했다. 이름은 티무르 카차라바, 스무 살이었다. 네오나치들은 그를 칼로 찔러 죽였다. 친구들은 그가 전에도 살해 협박을 받았다고 증언했다. 나는 그를 잘 알지 못했지만, 가끔 가다 동네 술집에서 마주치고는 했다. 얘기를 나누면 재밌는 사람이었다. 그 일이 있고 나서 그가 죽은 장소를 찾았다. 꽃과 함께 "티무르, 우리가 너를 영원히 기억할게"라는 팻말이 놓여 있었다. 아마도 그게 내가 러시아에서 나치즘을 가장 가까이에서 마주한 사건이었다.

아, 지난주 결혼식에서 친구들을 만나니 너무 좋았다. 이제는 모두 서로 다른 곳에 산다.
내가 주로 일하는 곳이 전쟁 지역이다보니 어떤 친구든 보기가 어렵다.
좀처럼 친구를 만날 시간이 없는데, 슬픈 일이다.

지금은 우크라이나 남부 미콜라이우에 있다. 이곳 사람들은 끊임없는 포격에
익숙해졌지만, 그래도 여파는 있다. 이 지역 병원에서 일하는 정신과 의사는
주민들이 매일 공황 발작을 호소하며 찾아온다고 했다.

오늘 아침에는 최전선에 나갔다. 러시아군 주둔지에서 4킬로미터, 러시아가 점령한
헤르손에서 24킬로미터 떨어진 곳이었다. 러시아가 점령하기 전에는 내 친구들도
헤르손에 많이 살았다. 장교 하나가 주변을 보여주었다. 알고 보니 이 지역과 가까운
크림 반도 출신이었다. 합병되기 전에는 나도 그곳에 살았었다고 하니, 어느 거리에서
살았었냐고 물었다. 갑자기 억장이 무너지는 기분이었다.

K

Week 22

그 거리의 구석구석을, 집 하나하나를, 나무 하나하나를, 화단 하나하나를 기억한다.
너무나도 잘 알고 있는 곳이 이제는 점령을 당해서 돌아갈 수 없다는 사실에 기분이
이상하다. 내게 크림 반도는 지구상에서 최고의 장소다. 그곳으로 돌아가, 옛 친구들을
만나고, 내가 살았던 집에 들어가보고, 할머니 할아버지의 무덤을 찾아가는 꿈을 꾼다.
그곳의 땅과 나무들을 어루만지고 싶다. 꼭 내 지문처럼 느껴지는 그곳에 돌아갈 수가 없다.
오늘 이렇게나 가까이 있는데 그곳을 볼 수 없다니 울컥하는 마음이 됐다.

며칠 전, 친구 몇 명과 승합차를 타고 핀란드만에 갔다.
모닥불을 피우고, 소시지를 굽고, 연을 날렸다.
하루 종일 뉴스를 보지 않았다.

다음 주에는 러시아가 공식 인증한 대학 졸업 증명서를 받을 수 있을지 알아볼 것이다. 라트비아에서 특별 지위를 인정받고 노동 허가를 받기 위해서다. 이 허가가 없으면 우리가 가진 유럽연합 비자로는 라트비아에 90일밖에 체류하지 못한다. 우리 계획은 아이들과 함께 짧은 휴가로 라트비아에 가서, 거기 있는 동안에 서류를 제출하는 거다. 아이들은 얼른 가고 싶어한다. 바다에서 수영을 하고, 드디어 맥도날드에 가고, 레고와 닌텐도 게임을 다시 살 수 있기를 기대하고 있다.

아내와 나는 개를 데리고 이민 갈 수 있는 경로를 의논했다. 우리는 자가용이 없고, 버스에는 개가 탈 수 없다. 녀석을 두고 떠나고 싶지는 않다. 같이 떠날 수 있는 유일한 방법은 차를 렌트해서 에스토니아 국경까지 간 다음, 걸어서 국경을 넘고, 가까운 기차역에 당도해 탈린행 기차를 타는 것이다. 그런 다음 차를 렌트해서 리가로 가면 된다.

상트페테르부르크에 새로운 포스터가 붙은 걸 보았다. 우크라이나에서 싸우고 있는 러시아 병사들의 초상 사진이 담겨 있었다. 포스터에서는 그들을 영웅이라 칭했지만, 내게는 아니다. 여전히 울적하다. 이상한 기분이다. 아침에는 괜찮다가, 몇 시간 지나서는 아무것도 할 수가 없다. 최근 몇 년 동안 러시아에서는 심리 치료가 점점 더 인기를 끌고 있다. 어느 시점이 되면 내게도 전문가가 필요해지겠지. 아직은 준비가 되지 않았다.

우크라이나의 밤은 고요하지 않다. 새벽 서너시쯤이면 경보 소리에 잠이 깨고,
그러면 근처 어딘가에 거센 포격이 쏟아지는 소리가 들리고, 그러면 창밖으로
방공 부대가 보인다. 그러고 나면, 할 수만 있다면, 다시 잠을 청한다.
그렇지만 우크라이나의 밤은 아름답기도 하다. 통금 시간에는 거리에
불빛이 없어서 별이 잔뜩 보인다. 최전방에서 일주일 정도를 보내고 나니,
키이우에서 공습경보가 울려도 나는 어린아이처럼 잠을 잔다.

오늘은 카르파티아산맥으로 돌아왔다. 지난 몇 주 동안 아이들은 여기서 아빠와
함께 지냈다. 아이들을 다시 덴마크로 데려갈 준비를 하고 있다. 슬픔과 안도감이
동시에 느껴진다. 덴마크는 세계에서 아이들이 살기 좋기로 손꼽히는 나라다. 안전하고
아름답다. 그렇지만 우리 가족에게는 힘든 일이다. 남편은 낙심을 하며 슬퍼한다.
아이들과 매일 함께 지내고 싶어한다. 이곳 시골에서 아이들과 함께 지내며
무척 행복해했는데 이제 몇 달 동안 아이들을 또 보지 못할 것이다.
우리 가족이 더 이상 함께 살 수 없다는 사실을 받아들이기가 고통스럽다.

전쟁이 나고 일곱 살 난 우리 아들이 빨리 커버렸다는 생각이 든다. 이제는 아들과
존재론적인 질문에 관해서, 전쟁과 평화, 문화적 정체성에 관해서, 뿌리에 관해서
이야기를 나눈다. 아이는 이제 한층 더 현명해졌고, 자기 동생도 돌볼 줄 안다.
훨씬 더 책임감이 있게 되었다. 어젯밤 잠자리에 들었을 때, 아이는 아빠에게
잠을 자고 싶지 않다고 했다. 잠을 자면 덴마크로 돌아가는 날에 한층 더
가까워질 테니까. 아이는 우리나라에서 도망치고 싶지 않다고 했다.

전쟁이 난 뒤로 우리 관계가 변한 것 같냐고 아이들에게 물었더니, 아니라고 대답했다. 유일한 차이라고 한다면, 예전에는 서로 얘기를 할 때 "전쟁"이라는 단어를 한 번도 쓴 적이 없다는 사실이다.

일찌감치 아이들에게 전쟁을 일으킨 건 푸틴이고, 러시아가 우크라이나를 점령했고, 나는 전쟁에 반대하며, 우크라이나는 훌륭한 나라라고 얘기했다. 아이들에게 폭탄 얘기와 지하철이 다니는 터널로 피신해야 하는 사람들 얘기를 해주었다. 아이들은 전쟁이 이어지고 있다는 걸 알고 있다. 하지만 나는 아이들에게 전쟁 얘기를 하는 걸 그만뒀다. 전쟁에서 일어나는 끔찍한 일들을 매일 아이들에게 얘기하고 싶지는 않다. 처음 몇 주 동안 아이들은 전쟁에 관한 영상을 보았다. 유튜브로 다른 영상을 보는 중간 중간에 튀어나오는 것들이었다. 둘째는 그 영상들 이야기를 꺼냈고, 첫째는 아무 말도 하지 않았다.

그런 클립이 튀어나올 때면 아이들은 눈을 감거나 휴대폰을 멀리 밀쳤다. 요즘에는 아이들이 전쟁 생각을 그리 많이 하지는 않는 것 같다. 아이들이 전쟁 얘기를 하는 유일한 순간은 제재 때문에 구할 수 없는 물건을 갖고 싶다고 얘기할 때뿐이다.

하루는 둘째가 학교에서 돌아오더니, 한 아이가 러시아를 먼저 공격한 건 우크라이나라고 얘기했다고 말했다. 우리는 그건 사실이 아니라고 설명했다. 만약 학교에서 아이들에게 정치 선전을 하는 낌새가 감지되면, 아이들을 다른 나라에서 키우고 싶어질 거다. 나와는 다른 문화 속에서 아이들이 자라는 것도 내게는 괜찮다. 아이들이 보다 넓은 세계 문화의 일원이 되었으면 좋겠다.

덴마크로 돌아와 우리 아이들과 어머니와 함께 있다. 공공 지원 주택으로 이사를 했다. 이곳엔 중동 출신 이민자들과 더불어 우크라이나인 가족들이 많이 살고 있다. 우리는 이곳을 "우리의 훌륭한 게토"라고 부른다. 여기 있는 우크라이나 사람들은 항상 서로를 돕기 때문이다. 나 스스로를 "난민"이라 칭하지는 않겠다. 나는 망명 신청을 하지 않았으니까. 어머니와 아이들에 대해서도 그렇다. 여기서 우리는 그저 "우크라이나 사람"이다. 모두들 전쟁이 끝나면 우리가 우크라이나로 돌아갈 거라 생각하고 있다. 우리도 그렇게 생각하지만, 상황을 지켜봐야 할 것이다. 일단은 9월 초까지 이곳에 머무르기로 한다. 코펜하겐에 있는 동안 미술관도 몇 군데 가볼 생각이다. 세상에 자리 잡고 있는 이 한 곳을 한층 더 알아갈 수 있는 멋진 기회니까. 그렇지만 설령 위험하다 할지라도 나는 덴마크에서 아이들과 얌전히 앉아 있는 것보다는 현장에서 일하는 쪽이 마음이 편하다.

전쟁이 내 몸에 끼친 영향에 대해 생각해보았다. 늙어가는 기분이 든다. 러시아가 점령을 하고 얼마 안 있어 눈 주위에 새로 주름이 잡힌 게 보였다. 친구들도 인상이 달라 보인다. 안색은 예전보다 창백하고, 눈빛은 더 어두워지고, 삶을 향한 열정도 자취를 감췄다. 나이가 드는 게 무섭고, 이러다 결국 실제 나이보다 더 늙어 보일 것 같다. 내가 겪어내야만 했던 트라우마를 몸이 어찌하지 못해 너무 일찍 죽어버릴까 무섭다. 비슷한 경험을 하는 우크라이나 사람들이 많을 것이다. 우리는 정말 오랫동안 애를 쓰고, 저항하고, 싸웠다. 무엇을 위해서일까? 세상에는 아름다운 것들이 정말 많다. 그렇지만 광기에 휩싸인 폭군은 그런 것들을 파괴한다.

아이들과 나는 어제 숲속 국경 지대를 넘어 라트비아에 왔다.
라트비아 국경에 있는 몇몇 검문소에서 러시아 이민자들에게 전쟁을 규탄하는
서류에 서명을 시킨다는 얘기를 들었다. 라트비아 국가 안보를 위협할 수도 있는
사람들을 찾아내려는 것이다. 이해는 하지만 기분이 이상하다.
내게는 그런 서류에 서명을 하라는 요구가 없었지만, 만약 요구가 있다면
나는 서명할 것이다.

여기서는 건물, 창문, 버스 출입구 등 어디에서나 우크라이나 국기를 볼 수 있다.
둘째 아이는 우크라이나 국기가 너무 많다고 생각했던 모양이다. 차를 타고 리가의
거리를 지나는 중에 이렇게 말했다. "꼭 우리가 라트비아에 온 게 아니라 우크라이나에
온 것 같아요. 라트비아 국기보다 우크라이나 국기가 더 많아요!"
첫째가 말했다. "아냐, 여기는 라트비아야. 여기에 우크라이나 국기가 많은 건
라트비아가 전쟁을 반대하기 때문이야."

호텔에 체크인을 한 다음 맥도날드에 갔다. 나는 그렇게 좋아하지 않지만 아이들이
좋아한다. 비디오 게임 박물관에 갔고 새로 나온 닌텐도 게임도 몇 개 샀다.
아이들은 정말 행복해했다. 며칠 있으면 리가만 근처에 있는 마을로 갈 거다.
그곳에서 아내와 만나기로 했다. 앞으로 며칠 동안 아이들에게 리가를 소개해주고,
여기서 좀 더 오래 지내면 어떨 것 같은지 물어보는 게 내 계획이다.
나 스스로도 라트비아가 아이들의 새로운 터전이 되는 일에 관해서 많이 생각해보지는
않았다. 어쩌면 내 마음이 이런 생각을 가로막고 있는지도 모른다.

어제는 아이들과 함께 훌륭한 19세기 예술품을 소장하고 있는 미술관에 갔다.
풍경과 도시 모습이 담긴 그림을 보는데 참담한 기분이 들었다. 오늘날 우리가 살고 있는
세상은 너무나 다른 모습이다. 파괴된 도시들이 너무나 많다. 자연은 더럽혀졌다.
온 지구에 혐오가 가득하고 여기저기 전쟁이다. 인류는 가장 아름다운 것들을
지켜내지 못했다. 우리는 어쩌다 이 지경이 되었을까?

요전 날은, 코펜하겐에 있는 친구 집 뒷마당의 나뭇잎들 사이로 보이는 틈새가 마치
Z 모양 같았다. '우크라이나 침공 지지의 상징.' 상상이 만들어낸 Z가 어디서나
보인다. 끊임없이 불안하다. 친구나 친척에게 무슨 일이 벌어질까봐 무섭다.
다른 때라면 신경 쓰이지 않았을 사소한 것들이 뇌리에 박혀 떠나질 않는다.
누군가 내게 소포를 보냈는데, 그때 내가 집에 없었다. 소포를 받아줄 사람을
구하지 못하면 큰일이 벌어질 것 같다는 생각을 떨쳐낼 수가 없었다.
그런 두려움을 뿌리치려 해보지만 소용이 없다.

겨울은 어떨지 걱정이 크다. 우크라이나 사람들에게 전기나 가스가 끊기면 어떡하지?
남편은 르비우에서 장작 난로가 있는 집을 빌리기로 했다.
그러니 우리가 얼어 죽을 일은 없을 것이다. 큰 집이라 만약 친구들 집에
난방이 공급되지 않으면, 그 집에다 친구들을 묵게 할 계획이다. 키이우에 있는
아파트는 포기하기로 했다. 어차피 아파트 단지를 썩 좋아하지는 않았다.
높고, 크고, 텅 빈 건물들. 그렇지만 지금은 거기서 이사를 나오고 싶지 않은 마음이 든다.
책이며, 사진이며, 그림이며, 옷이며, 가구까지 물건들이 많은데
그 모든 걸 갑작스럽게 옮기는 일이 상상이 잘 안 된다.

리가만에서 휴가를 보내고 있다. 일광욕을 하고, 따뜻한 물에서 수영을 한다. 아내는 어제 이곳에 도착했다. 리투아니아 여행객 두 명과 함께 게스트하우스에 머무르고 있다. 어제는 함께 케밥을 만들었는데, 그들이 내게 우크라이나산 보드카를 나눠줬다. 우리는 전쟁 얘기를 했다. 리투아니아 여행자들은 러시아가 왜 전쟁을 일으켰는지 이해할 수 없다고 했다. 나는 전쟁은 악이라고 생각한다고 말했다.

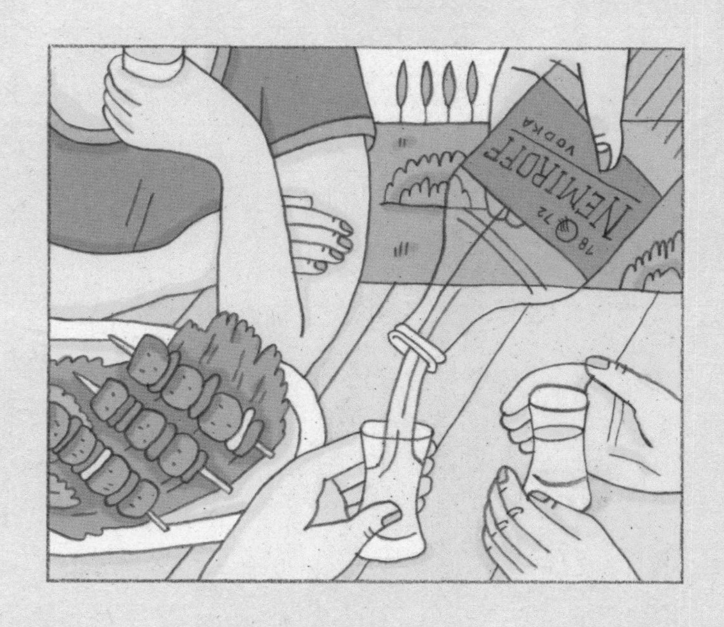

어제는 유명한 소비에트 음악가인 빅토르 최의 기일이었다. 십 대 시절, 나는 그를 무척 좋아했다. 32년 전, 그는 지금 우리가 묵는 마을 근방에서 자동차 사고로 목숨을 잃었다. 자동차 사고가 난 곳에는 추모비가 있다. 우리는 자전거를 타고 그곳을 찾았다. 사람들이 많이 와 있었고, 스피커에서는 그가 러시아어로 부르는 노래가 우렁차게 터져 나왔다. 그는 소비에트 체제에 반대했다. 그가 부른 노래 <나는 변화를 원한다>는 2020년 벨라루스 시위 때를 포함해, 변화의 상징이 되었다.

유럽연합이 러시아인을 대상으로 비자 발급을 금지할 수도 있다는 뉴스를 읽었다. 머지않아 러시아에서 이민을 갈 수 없을지도 모른다는 얘기다. 우리는 다른 선택지들을 의논해보고 있다. 그렇지만 문제는 그 어떤 계획도 세울 수가 없다는 거다. 1~2주 정도를 내다보는 게 고작이다. 미래보다는 지금 이 순간을 살아내기 위해 애쓰고 있다.

어제는 일곱 살짜리 아들을 데리고 코펜하겐에 있는 바이킹 배 박물관에 갔다. 아들은 무척 신이 났다. 박물관 근처 거리에서는 멕시코 밴드가 공연을 했다. 공연을 마친 밴드 리더가 마이크에 대고 말했다. "모두 전쟁을 멈춰라!" 이런 말이 얼마나 무의미한지 생각했다. 홈리스에게 집을 사라는 식이다.

크림 반도에 있는 친구들은 우크라이나 방공 미사일이 하늘에 그리는 비행운을 보며 지낸다. 불과 2주 전, 나는 친구들에게 크림 반도를 나와 더 안전한 곳으로 가라고 했다. 반격이 시작될 것을 알고 있었기 때문이다. 그리고 그것은 현실이 됐다. 친구들이 무사했으면 좋겠다. 사랑하는 크림 반도가 무력하게 놓이는 모습을 지켜보기가 힘들다. 그렇지만 필요한 일이다. 러시아 군대가 나의 조국을 파괴하는 걸 지켜보기가 훨씬 더 힘들 테니까.

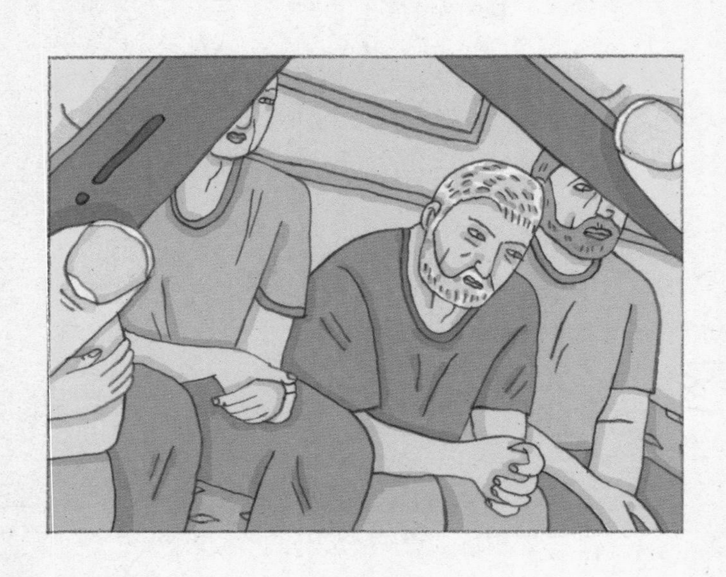

K Week 26

전체주의에 저항하는 평화로운 방법들이 있다. 상황을 알리고, 전 세계 협력자들을 찾고, 미미하게나마 도와줄 수 있는 사람들의 네트워크를 구축할 수 있다. 그게 아니면 무기를 들고 싸우는 것이다. 오늘, 러시아 선전원들은 내 친구인 막스 부트케비치의 영상을 공개했다. 막스는 러시아에 포로로 잡혀 있는 인권 활동가다. 평화주의자로 평생 인권과 평등을 위해 평화롭게 싸웠다. 그렇지만 러시아가 우크라이나를 침공하자, 그에게 주어진 유일한 선택지는 입대뿐이었다. 무기 없이 이런 문제를 해결할 수는 없다. 막스는 세베로도네츠크 인근에서 러시아군에게 붙잡혔다. 영상 속 그의 머리칼은 모두 세어 있었고, 아주 말라 보였다. 그 지경이 된 것을 보니 마음이 아팠지만, 살아 있어서 기쁘다.

해변의 휴가가 끝났다. 수영하고, 숲속을 거닐고, 와인을 마시며 즐거운 시간을 보냈다. 전쟁을 전부 잊고 지낸 시간이었다. 이제 아내와 아이들은 러시아로 돌아갔고, 나는 다시 리가로 왔다. 여기서 한 주 더 머무르면서 작품 몇 개를 팔고 부칠 것이다. 전쟁 관련 뉴스를 다시 읽기 시작했다. 기분이 썩 좋지 않다.

우크라이나의 반격이 러시아 사람들에게 정신적인 영향을 끼칠 것 같다. 러시아인들은 휴가를 보낼 생각으로 크림 반도의 해변을 찾았다가, 휴가가 아닌 폭탄을 맞닥뜨렸다. 적어도 이게 단순한 군사 작전이 아니라 진짜 전쟁이라는 사실을 그들이 깨달았으면 좋겠다. 만약 상트페테르부르크에 폭탄이 떨어지면 어떤 일이 벌어질지 두렵다. 그렇지만 우크라이나의 입장에서 사태를 바라보려고 한다. 우크라이나가 왜 러시아에 포격을 하는지도 이해할 수 있다. 러시아가 발트해 국가들을 공격할 가능성에 관해 많은 얘기가 오가고 있다. 만약 내가 머무는 동안 리가에 폭탄이 떨어지면 어떤 일이 벌어질지 떠올려보기도 했다.

어젯밤에는 영국에서 온 한 남자를 만났다. 러시아인 아내가 있는 모스크바로 돌아가는 길이었다. 전쟁을 일으킨 나라에 왜 가느냐고 물었더니, 남자는 자기 나라는 여러 전쟁에 침략국으로 가담했었다고 말했다. 이상한 대답이라고 생각했다. 그런 한편으로, 그 대답을 받아들였다. 자국민을 끌어들이는 전쟁에 관해 영국 사람들이 어떻게 생각하는지 나는 전혀 모른다는 사실을 깨달았기 때문이다.

여름 – 가을

친구들 몇이 러시아에 포로로 잡혔다. 어떤 친구들은 군인으로 투입되었다가 죽을 것이다. 어떤 친구들은 이미 죽었다. 사람들이 우크라이나가 너무 많은 것을 요구한다고 얘기할 때면 무력한 기분이 든다.

얼마 전, 나라가 전쟁을 하고 있으니 우리가 어떤 기술을 익혀야 할지 남편과 얘기한 적이 있다. 러시아가 침공하기 전, 우리는 총을 구비해두어야 할지 여러 번 의논했다. 그럴 때마다, 총기 소지는 실제로 누군가를 쏠 의향이 있다는 뜻이라고 의견을 모았다. 나는 내가 인간을 죽이는 걸 상상할 수 없다. 설령 나라를 지킨다는 명분을 내걸더라도 말이다.

몇 달 전, 우크라이나 남부 군사 기지에 있는 군인들을 인터뷰했다. 우리 카메라맨은 군인 측의 허가를 받고 총을 들어 표적을 쏘기 시작했다. 총알을 발사하니 총성이 울려 퍼졌다. 내게도 권유했지만, 총을 쏠 준비가 안 된 것 같다고 군인들에게 얘기했다. 남편도 거절했다. 그렇지만 이제 그는 사격장에 나가 연습할 준비가 되었다고 말한다. 남편이 전쟁 시기에 유용할 기술을 새로 익히는 건 좋다고 생각한다. 그렇지만 총을 소지하거나 누군가를 죽이는 건 여전히 상상이 안 간다. 내게는 사람의 목숨이 너무 귀하다.

무얼 위해서라면 내가 죽을 수 있을까, 같은 생각은 떠올리지 않는다. 그저 죽지 않는 것이 내 계획이다. 내 목표는 살아남아, 다른 사람들이 이 전쟁에서 살아남을 수 있도록 돕고, 우크라이나의 유산을 지키는 것이다.

버스로 라트비아에서 에스토니아로 갔다. 나르바에서는 걸어서 다리를 건너
러시아 국경을 넘었다. 러시아 영토 쪽에서 가장 먼저 보이는 마을인 이반고로드에
들어섰는데, 전쟁의 기색이 전혀 느껴지지 않았다. 사람들은 일상생활을 하고 있었고,
아이들은 놀이터에서 놀고 있었다. 다시 상트페테르부르크 지하철에 올라
Z가 쓰여 있는 포스터를 보니 그제야 전쟁 중이라는 실감이 났다.

지난 네 달 동안 나는 러시아에 세 번 들어왔다. 이번에 다리를 건널 때는
과연 내가 러시아에서 나올 수 있을까 생각했다. 비자 규제는
여전히 논의 중이고, 에스토니아 비자가 있는 러시아인들은 이미
에스토니아 재입국을 금지당했다.

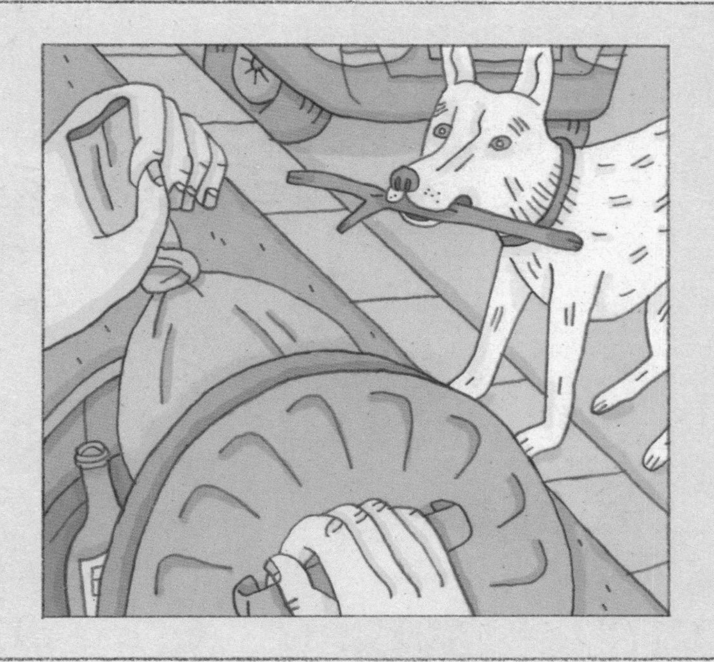

그리고 이번에는 상트페테르부르크에 돌아오니 집에 왔다는 기분이 훨씬 선명하게
들었다. 쓰레기를 내다버리거나, 장을 보러 가거나, 개를 산책시키러 가는
아주 평범한 일까지도 강렬한 소속감을 불러일으켰다. 러시아를 떠난다는
상상을 하기가 점점 힘들어지고 있다.

만약 내가 징집되었는데, 무기 들기를 거부한다면 어떤 일이 일어날지 생각했다.
나는 감옥에 갈 준비도 되어 있다. 그게 내가 치러야 하는 대가라면.
이 전쟁을 일으킨 건 러시아 정부고, 나는 내가 러시아 정부 편에 서서 싸우는 모습을
상상할 수 없다. 그렇지만 다른 나라가 러시아를 침공했다면 나는 무기를 들겠다고
했을 것이다. 가족을 위해서라면 나는 죽을 수 있다.

오늘은 우크라이나에서 학교가 개학하는 날이다. 학교로 돌아갈 수 있는 아이들은 불과 30퍼센트뿐이었다. 학교 건물이 자주 포격을 당해서다. 이제 대피소를 갖춘 학교들이 많다. 점령 지역에서는 러시아 군인들이 설비를 약탈해 가고 교육과정에서 우크라이나 역사와 문화를 없애버리면서 선생님과 부모들을 위협하고 있다. 러시아가 침공하기 전에는 첫째 아들이 처음 학교에 가는 날을 키이우에서 기념하게 될 줄 알았다. 이제 첫째는 이곳 코펜하겐에 있는 학교에 다닌다. 아이는 키이우가 그립다고, 아빠와 할머니 할아버지를 볼 수 없어 슬프다고, 그분들을 많이 사랑한다고 했다. 그런 얘기를 들을 때면 울지 않으려고 애쓰지만, 쉽지 않다. 이 새로운 삶은 우리가 선택한 게 아니다. 러시아가 우리의 예전 삶을 빼앗아갔다.

친구 하나는 자기 가족을 키이우에서 독일로 대피시켰다. 아들을 그곳 학교에 보낼 생각이었지만, 친구네 가족이 이주한 도시는 이주민들이 차고 넘쳤다. 친구는 한 달 내내 매일 아침 일찍 일어나 학교를 찾아다니며 자기 아들이 들어갈 자리가 있을지 물었다. 매번 거절을 당했다. 식당에서 일하며 생활비를 버는데, 이제 아들의 홈스쿨링까지 해야 한다. 아이 아버지는 우크라이나에 있다. 감사하게도 우리 아이들에겐 다닐 초등학교와 유치원이, 또 할머니와 돌봐주는 분이 있다. 그렇지만 나는 가족이라는 느낌이 그립다. 남편과 거의 항상 함께 지냈었는데, 지금 나는 덴마크에 있고, 우리는 전화로만 얘기를 나눌 수 있다. 남편을 못 본 지 한 달이 넘었고, 그에게 국외 출입 허가가 날지도 모르겠다. 곧 다시 만났으면 좋겠다.

9월이 되었다. 아이들을 다시 상트페테르부르크에 있는 학교에 보냈다.
"중요한 것에 관해 얘기해보기"라는 새로운 수업이 교육과정에 들어왔다.
이 수업에서 아이들은 국가를 듣고, 러시아와 영국과 미국의 문장을 배웠다. 최근 정부는
러시아 학생들이 국기에 경례를 해야 하고, 학교에서는 매주 국가를 들려주어야
한다고 결정했다. 우리 아이들이 다니는 학교에서도 예비 소집일에 그렇게 했는데,
기분이 이상했다. 국가는 겨우 30초 재생되다가 중간에 끊겼고,
그 뒤에 학교 교가가 쭉 이어졌다. 우리 아이들은 국가 가사를 모른다.
아이들은 국가를 따라 부르지 않았다.

나는 초등학교에서 소비에트 연방 국가를 배웠다. 모두가 국가를 외워야 했다.
우리 세대는 국가에서 운영하던 소년단인 '피오네르'의 마지막 가입 세대였다.
어느 해 봄에 소년단에 들어갔는데, 가을이 되자 해산되었다.
소비에트 연방이 무너진 뒤, 러시아는 새로운 국가를 채택했다. 푸틴이 대통령이 되자,
그는 다시 소비에트 연방 시절 국가를 가사만 아주 살짝 바꾸어 되돌려놓았다.
어린 시절에는 소비에트의 국가가 중요하다고 느껴졌지만, 이제는 다 거짓말처럼 들린다.
러시아 국기를 보고 자랑스러운 마음이 들었던 유일한 순간은 올림픽 경기에서
러시아팀이 이겼을 때뿐이다. 전에는 러시아 국경일에만 국기를 걸었는데,
이제는 여러 건물에 국기가 걸려 있다. 그렇지만 사람들 집 창문에는 보이지 않는다.
전쟁이 난 뒤로는 국기 아래쪽 붉은 단을 보면 피가 떠오른다.

아이들을 만나러 와서 코펜하겐에서 한 달 넘게 지내고 있다. 이번 주에는 대수로워 보이지 않는 일 때문에 운 적이 몇 번 있었다. 나한테는 잘 없던 일이다. 버텨내야 한다고, 건강을 지켜야 하고, 나와 다른 사람들이 살아남을 수 있도록 도와야 한다고 되새긴다. 기자로서 우리가 하는 일들이 아주 중요하다는 사실을 잘 알고 있다. 그러니 어떤 상황에서도 계속 나아가야 한다. 나는 무너져서는 안 된다. 우크라이나 사람들의 제일 중요한 특징이 무엇이냐고 묻는다면, 정확히 이렇게 얘기할 것 같다. 넘어지면 다시 일어서서 계속 나아간다. 우리에겐 자력으로 늪을 빠져나오는 방법밖에는 없다.

우크라이나에 있는 친구 하나가 군에 입대했다고 해서 울었다. 그 친구가 군인이 될 거라고는 전혀 생각지 못했는데, 그렇게 됐다. 이번 주에는 하르키우 지역에서 반가운 소식이 들렸다. 러시아군의 점령에서 해방되는 마을들을 영상으로 보자 또 눈물이 났다. 어느 영상에는 우크라이나 병사가 광고판에 붙은 러시아의 정치 선전 포스터를 뜯어내는 모습이 담겨 있었다. 그 아래에 있던 예전 포스터가 모습을 드러냈다. 우크라이나의 시인 타라스 셰프첸코가 자유에 관해 쓴 글귀가 담겨 있었다. 감동적인 장면이었다.

지난주에는 일곱 살 난 우리 아들도 울었다. 키이우에 있는 아빠와 통화를 하다가. 아이는 화면에 아빠 모습이 보이자 흐느끼기 시작했다. 집으로 돌아가고 싶다고, 자기는 우크라이나를 사랑하고, 우리 가족이 함께 지내던 때가 그립다고 말했다. 이번 주에는 어머님이 덴마크에 있는 우리를 만나러 키이우에서 오신다. 그러면 아이 기분이 한결 나아질 것 같다.

막 여기 상트페테르부르크에서 장을 보고 왔다. 집으로 돌아오는 길에 군복을 입은 사람들이 보였다. 제2차 세계대전에 관한 영화를 찍고 있는 배우들이었다. 길에는 나무로 만든 대전차 방어물이 잔뜩 있었다. 이런 시기에 전쟁 영화를 촬영한다는 게 정말 이상하다. 군복을 입고 총을 든 저 '군인'들은 지금 벌어지고 있는 전쟁을 어떻게 생각할지 궁금하다.

이번 주에는 아이들 학교에서 선생님과 학부모가 만나는 자리가 있었다. 새로운 수업은 매주 월요일 1교시 전에 있을 것이고, 수업 시간에는 선생님들이 러시아 국기나 국가 같은 것들을 가지고 얘기를 나눌 거라고 했다. 질문을 던진 학부모는 나 하나뿐이었다. 선생님은 새로운 수업에 반드시 출석할 필요는 없다고 했다. "교육부에서 강제한 수업이라는 걸 잘 알고 계실 테니까요"라고 선생님이 말했다. 이 정치 선전 프로젝트는 그다지 성공적이지는 않은 것 같다.

1990년대 러시아에서 자라며, 나는 내 의견을 공개적으로 표현할 수 있다고 느꼈다. 푸틴 체제 아래에서는 달라졌다. 청년 시절, 나는 그다지 정치적인 사람이 아니었다. 다른 나라의 예술가들을 상트페테르부르크로 데려오며 러시아에 관한 부정적 인식을 바꾸려고 노력하긴 했지만, 내 관심은 내 작업이었다. 이제는 우리 세대 전체가 정치에 충분히 관심 갖지 않았던 게 실수는 아니었을까 생각한다. 우리 정부를 구성하는 데에 다음 세대가 관여해야 한다. 우리 아이들에게 언론의 자유가 지닌 중요성과, 이번 전쟁에 관해 퍼져 나간 가짜 뉴스에 관해 이야기했다. 다른 사람들이 있는 데서는 이런 대화에 대해 언급하지 말라는 얘기는 하지 않았다. 이제 그런 걱정은 않기로 했다.

아주 기쁜 소식이 있다. 남편에게 국외 출입 허가가 났다. 우크라이나 문화부의 특별 허가다. 우리가 후보로 오른 유럽 저널리즘 상 시상식에 참석할 예정이기 때문이다. 지난주에 남편이 코펜하겐으로 왔다. 여기서 우리와 같이 한 달 동안 지낼 것이다. 어머님도 오셨다. 가족이 거의 전부 모인 셈이다. 일곱 살 난 아들에게는 아빠가 올 거라는 얘기를 미리 하지 않았다. 그래서 엄청난 깜짝 선물이 되었다. 남편이 초인종을 눌렀고, 아들이 문을 열어주었다. 아빠를 보자 기뻐서 소리를 지르며 품 안으로 펄쩍 뛰어올랐다. 그리고 아빠를 오랫동안 안아주었다.

K

Week 30

남편에게 우리가 제일 좋아하는 곳들을 구경시켜주며 주말을 보냈다. 놀이공원인 티볼리 가든스에 가서 몇 가지 놀이기구를 탔다. 수족관에도 가고 시내도 함께 돌아다녔다. 남편은 이곳에, 또 안전하게 와 있다는 사실에 너무 행복해한다. 정말 안심이 된다. 올해 들어 그가 우크라이나 바깥으로 나온 건 이번이 처음이다. 우크라이나에서 스트레스가 정말 심했는데, 이제 드디어 쉴 수가 있다. 우크라이나에 있는 대부분의 남자들은 크나큰 스트레스를 겪고 있을 거다. 그들은 단 일주일도 우크라이나 바깥으로 나올 수 없다. 안전감을 느낄 수 없다.

남편이 여기 있으니 나도 크나큰 안도감이 든다. 아이들을 돌보고, 힘들게 일하고, 집 안팎을 손보느라 너무 피곤했다. 한편으로 우크라이나가, 특히 내 현장이 그립기도 하다. 세베로도네츠크와 마리우폴이 해방되는 순간에 바로 그곳에 있고 싶다.

어제는 러시아에서 가장 유명한 가수인 알라 푸가초바가 전쟁에 관한 내용을 인스타그램에 올렸다. 그녀는 러시아 군인들이 "우리나라를 국제적으로 버림받게 만드는 허상 같은 목표 때문에 죽어가고 있다"고 했다. 전쟁이 우크라이나에 끼친 영향에 관해서는 얘기하지 않았다. 그렇지만 러시아 사람들에게 울림을 줄 만한 표현을 잘 찾아냈다고 생각한다. 그녀의 포스팅이 이곳의 더 많은 사람들에게 러시아 병사들이 의미 없이 죽어간다는 사실을 일깨워줬으면 좋겠다. 러시아의 독립 매체들은 일제히 그녀의 포스팅 소식을 보도했다.

전쟁이 난 뒤 처음으로 우리 아파트의 고장 난 것들을 조금 고쳐보기로 마음먹었다. 부엌 수도꼭지가 오래전부터 물이 새서, 새것으로 교체했다. 철물점에 갔을 때 이상한 기분이 몰려왔다. '우크라이나가 파괴되고 있는 와중에, 이 가게 안에는 고장 난 걸 수리해줄 물건을 사러 온 사람들이 많네.' 나도 그중 한 명이었다.

그렇게 많은 사람 틈에 있는 게 이제는 익숙하지 않다. 사람들과 점점 더 거리를 두고 있다. 믿을 수 있고 같은 시각을 공유하는 사람들하고만 시간을 보내고 싶다. 아이들과 보내는 시간이 늘어났다. 닌텐도 게임을 하고, 산책을 나가고, 아이들이 좋아하는 음식을 만든다. 나는 아이들을 통해서 평정심을 찾으려는 것 같다. 그렇지만 그런 기분이 오래 이어질 거라고는 생각하지 않는다.

남편은 여전히 우리와 함께 코펜하겐에 머무르고 있다. 잘 지내고 있다.
오늘 남편과 나와 아이들은 스웨덴에 왔다. 코펜하겐과 아주 가깝다.
스웨덴에 있는 미술관 몇 군데를 들렀다. 이런 곳들을 돌아다니며 유럽 역사의
다양한 면면을 보니 좋다. 내일은 튀르키예로 가서, 여러 나라에서 온
친구들과 동료들을 만날 것이다.

며칠 전, 우크라이나와 러시아가 전쟁 포로를 교환했다. 우크라이나 병사 215명이
풀려났다. 명단을 확인했지만 막스 부트케비치의 이름은 보이지 않았다. 우리의 전사들이
풀려나 기쁘지만, 계속 막스 생각이 난다. 막스는 어떻게 됐을까? 그 지옥에서 탈출한
사람들도 있다는 걸 그는 알고 있을까?

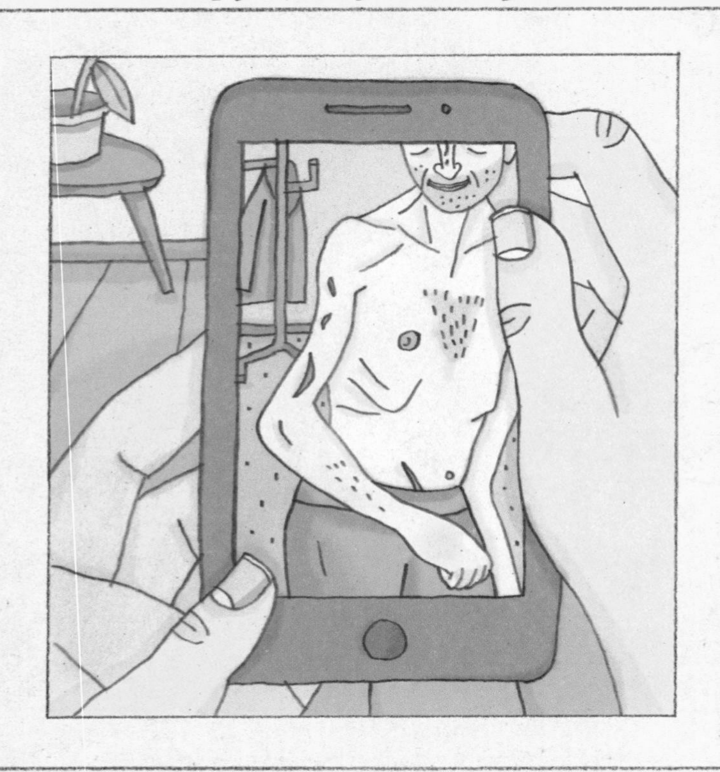

석방된 우크라이나 병사 가운데 한 사람인 미하일로 댜노우의 사진을 보았다. 고문을
당한 것 같았다. 얼굴에는 흉터가 있다. 포로로 잡히기 전, 그는 전투 중에 팔 하나가
부러졌다. 그를 붙잡은 러시아 군인들이 마취도 안 하고 녹슨 집게로 포탄 파편을
끄집어냈다는 얘기를 읽었다. 뼈는 제대로 회복되지 않았다. 이 사진을 보고 있기가
힘들다. 그래서 소셜 미디어 플랫폼이 대중에게 이런 사진을 숨기려는 거다. 그렇지만
상황을 파악하려면 이런 모습을 봐야 한다. 이런 이미지들은 우리는 모두 인간이고,
인간은 절대로 서로에게 이런 짓을 저질러서는 안 된다는 사실을 일깨운다.

군대 징집이 시작됐다. 이 소식을 듣고 약간 멍해졌다. 군대 경험이 없어 나는 징집 1순위는 아니지만, 정부는 항상 거짓말을 하니 어떤 일이 벌어질지는 모르는 법이다. 솔직해져야 한다. 나는 징집 반대 시위에 나가지 않기로 했다. 경찰의 폭력이 두렵다.

슬픈 소식이 있다. 버스표를 구할 수 있게 되어, 지난 금요일에 러시아를 떠나왔다. 가족은 상트페테르부르크에 남아 있다. 나는 지금 헬싱키에 있다. 처음에는 불안했다. 그렇지만 버스에 올라타자 기분이 한결 나아졌다. 핀란드 국경에는 70대도 넘는 차들이 서 있었다. 러시아 영토 쪽에서 나갈 때까지 두 시간 반을 기다렸다. 국경 수비대는 모든 사람들의 짐을 검사했고,

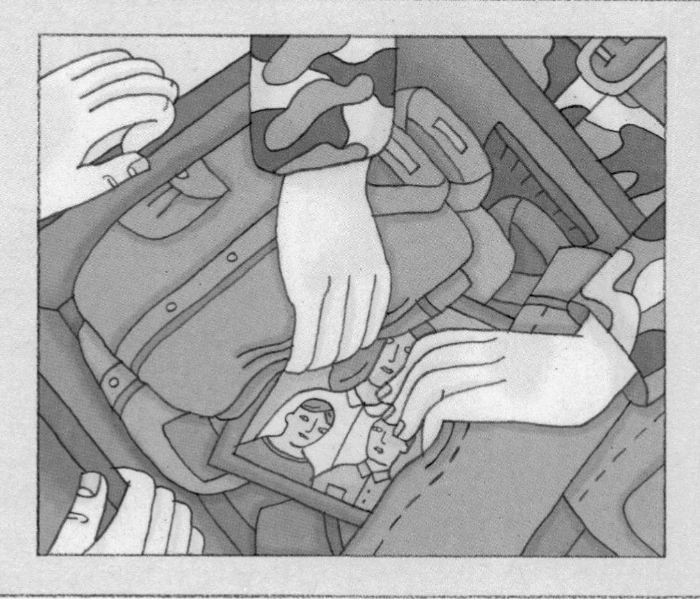

몇몇에게는 여행 가방을 열어보라고 했다. 젊은 남자들이 많았다. 대부분은 분명 나와 똑같은 이유로 그곳에 와 있었을 것이다. 징집에서 벗어나려는 생각으로 말이다. 주변 사람들 모두 스트레스에 시달리는 게 느껴졌다. 우리 가운데 누구도 말이 없었다. 결국 버스에 탄 사람들 모두 핀란드로 넘어올 수 있었다. 탈출한 것 같은 기분이다. 이번 주면 푸틴은 남자들이 러시아를 떠나지 못하도록 금지령을 내릴 것 같다. 그러면 유일한 선택지는 전쟁에 나가 싸우거나, 푸틴에게 저항하거나, 숲속에 숨어 지내는 것밖에 없을 것이다.

지금 비자로는 유럽연합에 머무를 수 있는 기간이 겨우 몇 주밖에 남지 않았다. 목요일에는 이스탄불로 갈 것이다. 그곳에 가면 비자 없이도 지난봄에 이민을 간 친구들과 함께 얼마 동안은 머무를 수 있다. 폴란드와 발트해 국가들은 지난주 러시아 관광객들에게 국경을 걸어 잠갔고, 핀란드도 곧 같은 결정을 내릴 듯하다. 유럽연합 거주 허가를 받을 방법을 찾아야 한다. 마음을 차분히 가라앉혀야 한다. 그다음에 결정을 내릴 것이다.

이 전쟁 때문에 생겨난 트라우마에 관해서 생각을 많이 하고 있다. 나는 이도 저도 아닌 상태에 갇힌 것 같다. 좋은 일들이 내게 많이 일어나고 있는데, 행복하다는 감정이 없다. 마치 이제 막 아이를 낳았고, 말도 못 하게 기뻐야 마땅하다는 것도 잘 아는데, 아이는 계속 울기만 하고, 내게 남은 건 엄청난 피로뿐인 것만 같은 느낌.

지난주에는 튀르키예에 머물렀는데, 러시아 사람들이 많이 보였다. 징집 때문이리라 짐작한다. 내가 묵고 있는 호텔에는 튼튼해 보이는, 징집 대상 연령대의 남자들이 많았다. 그 사람들을 보고 있으니 무서워졌다. 우리가 우크라이나 사람이라는 걸 알게 되면 그 가운데 누군가가 나나 친구들을 공격하려 들까봐 걱정이 됐다. 그 사람들과 절대로 직접 접촉하지 않으려고 했고, 호텔 직원조차도 우리를 서로 떨어뜨려놓으려고 신경 쓰는 것 같았다.

호텔 직원들은 식당 한쪽에는 우크라이나 손님들을 앉히고, 다른 쪽에는 러시아 손님들을 앉혔다. 러시아 사람들 몇몇이 대화를 나누는 소리가 들렸는데 징집 얘기였다. 우리는 러시아어 말고 우크라이나어로만 얘기를 나누기로 했다. 우리의 대화 내용을 그들이 알아듣지 않았으면 했다. 우리가 우크라이나어로 얘기하는 소리를 듣자, 그들은 난감하다는, 심지어 두려워하는 표정으로 우리를 쳐다봤다.

이어 공항에서도 러시아 사람들을 무척 많이 보았다. 가족들이 많았는데, 아이들을 생각하니 안타까웠다. 그 아이들은 이제 어떤 삶을 살게 될까? 만약 그 아이들의 부모가 푸틴과 학살을 지지한다면, 아이들은 우크라이나와 서방을 증오하면서 자라나게 될 것이다. 그렇지만 나는 희망을 품어본다. 그 아이들은 부모와는 다른 사람으로 성장할 것이라고, 그리고 무언가를 바꿔야겠다는 마음을 먹을 것이라고.

이스탄불에 있다. 방향 감각을 잃은 기분이다. 이곳에는 내가 필요하다는 사람이
하나도 없다. 사회적인 지위도 없다. 모든 게 불확실한 상태로 살아가고 있다.
담배를 많이 피운다. 카디쿄이에 머무르고 있는데, 할 말이라고는 여긴 크고 시끄러우며,
사람들이 정말 많다는 것뿐이다. 이렇게 많은 사람들 틈에서 지내는 게 익숙지 않다.
이곳 친구들이 내가 정착할 수 있게 도와주고 있다. 여기는 러시아 사람들이 많다.
오늘은 상트페테르부르크에서 알고 지내던 사람을 거리에서 우연히 만났다. 친구들은 그런
일이 곧잘 있다고 했다. 동네를 돌아다니거나 친구들과 카페에 가며 시간을 보낸다.
카페에 가면 차를 많이 마신다. 수건을 사러 이케아에도 갔다. 거기 가니
아주 친숙한 기분이 들었는데, 상트페테르부르크 우리 아파트에 있는 가구를 봤기
때문이었다. 러시아에서 이케아가 영업을 중단하기 전 구입한 가구들이었다.

아내는 내가 러시아를 떠날 수 있었던 걸 다행스럽게 여긴다. 아이들에게는
내가 징집 때문에 러시아를 떠났다는 얘기는 하지 말자고 했다. 대신,
일 때문에 리가로 돌아가는 거라고 얘기해뒀다. 한편으로는 아이들이 겁을 먹지
않았으면 싶어서 그러기도 했지만, 또 한편으로는 아이들이 학교에서 무심코
얘기할까봐 걱정이 되기도 했다.

과연 고국에 돌아갈 수 있을지도 모르겠고, 지금 이게 새로운 현실이라는 사실도
여전히 믿을 수가 없다. 과연 내가 여기 머무르고 싶은지, 아니면 다른 곳에 가고
싶은지도 아직 모르겠다. 내가 무얼 원하는지를 알려면 시간이 필요하다.
친구들 아파트 청소를 도와주었다. 바닥을 쓸고 접시를 닦았다.
잠시 현실을 살아가고 있다는 기분이 들었다.

지난주에는 컨퍼런스에 참석하러 뉴욕에 갔다. 미국은 처음이었다! 전쟁 지역과, 일상이 평범하게 흘러가는 나라들 사이를 오가는 건 내게 아무런 문제가 안 된다. 내겐 평범한 생활을 경험하는 게 필요하다. 뉴욕에서 만난 몇몇 사람들은 미국 사회가 너무 분열되어 있어서 내전이 날까봐 걱정이라고 말했다. 내가 듣기에는 별로 일어날 것 같지 않은 일이었다. 미국에는 전쟁이 나지 않도록 막을 사람들이 충분하니까.

덴마크로 돌아오니 끔찍한 뉴스가 들려왔다. 크림 대교 폭파에 대한 보복으로 푸틴이 우크라이나 전역의 도시에 폭격을 가했다. 아버님은 지금도 키이우에 계신다. 아직 60세가 안 됐기 때문인데, 18~60세 사이의 남성들은 여전히 우크라이나 밖으로 나갈 수 없다. 아버님은 머리 위로 미사일이 날아가는 걸 보셨다고 했다. 슈퍼에서는 어떤 여자가 이렇게 소리쳤다고. "우리 모두 여기서 죽을 거라고요!" 여자는 그러고 의식을 잃었다.

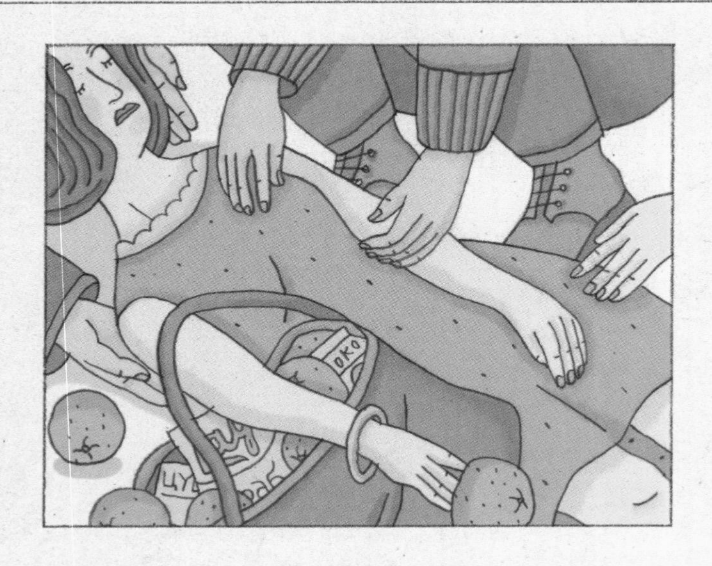

우크라이나에서 벌어지는 온갖 일들 때문에 정신이 나가버리고 만 우크라이나 사람들이 많다. 각종 혐오발언 때문에 페이스북에도 예전처럼 많이 들어가지 않는다. 친구들이 어디 있는지, 또는 아직 살아 있는지 확인하는 용도로만 이용한다. 우크라이나에 있는 우리 가족의 가까운 미래가 보이지 않는다. 키이우에 있는 문화 시설들은 문을 닫았다. 우리 아이들이 문화적인 환경에서 자라나는 게 내게는 중요한 문제다. 우크라이나로 돌아가면 당장 최전방으로 달려가 취재를 할 생각이다. 소중한 사람들은 모두 키이우를 떠났고, 근시일 안에 돌아오지는 않을 것이기 때문이다.

지난주는 시간이 아주 빠르게 지나갔다. 이스탄불에 사는 친구들의 집안일을 계속 도와주고 있다. 음식을 하고, 설거지를 하고, 친구들 딸이 학교가 끝나면 마중을 나간다. 예전과 똑같이 뉴스를 읽으며 하루를 시작한다. 크림 대교가 폭파된 뒤, 러시아의 대응이 걱정되기 시작했다. 그러다 그 일이 벌어지고 말았다. 우크라이나에 대대적인 폭격을 한 것이다. 심지어 포탄 하나는 놀이터에 떨어졌다. 어제는 도저히 견딜 수 없이 힘이 들어서 아무것도 할 수 없었다. 저녁이 되어 친구들과 모여서야 조금 긴장을 풀 수 있었다. 우크라이나 재건을 어떻게 도울 수 있을지 자주 생각한다. 내게 경제적 자원이 많지는 않지만, 매달 버는 돈의 일부를 기부하려고 한다. 적은 돈이지만 정기적으로 기부를 할 것이다.

어떤 일이 일어나건, 러시아는 이미 전쟁에서 졌다고 생각한다. 러시아 경제는 이미 눈에 띄게 기울었고, 앞으로도 상태는 더 악화될 것이다. 러시아 사회는 전쟁을 지지하는 사람들과 지지하지 않는 사람들로 나뉘었다. 러시아의 미래가 어떻게 될지 예측하기가 어렵다. 개별 지역들이 모스크바와 별개로 독립적인 결정을 내릴 수 있게 하는 연방 체제가 나을 것이다. 지금의 내 삶조차 받아들일 수가 없는데, 러시아에서 내 미래가 어떻게 될지를 상상하기란 불가능하다. 결국에는 전쟁 전과 똑같이 활동에 참여하고, 내 경험을 다른 사람들과 나눌 수 있게 된다면 좋겠다. 그렇지만 그때 가서 과연 내가 아주 사교적인 사람이 될 수 있을지는 모르겠다. 지금은 혼자 있고 싶은 마음이 크다. 숲속 오두막에 숨어 지내는 기분이다.

지쳤다. 지난 몇 달이 너무 힘들었기 때문에, 지금 당장 내가 바라는 유일한 한 가지는 오직 잠이다. 심지어 자고 일어나도 여전히 잠에 빠져 있는 기분이다. 내 몸이 서두르지 말고 스스로를 돌보라고 얘기하는 것 같다. 그렇지만 그럴 수 없다. 끊임없이 전쟁 생각을, 가족 생각을, 친구들 생각을, 적 생각을 한다. 전쟁은 끝날 기미가 없는 것 같다. 내가 생각을 할 만한 공간도 없다. 러시아가 침공하기 전, 우크라이나에 있는 아파트에서는 혼자서 시간을 보내거나, 생각에 잠겨 글을 읽거나 쓸 수 있었다. 뉴욕에 있는 동안 멋진 책을 몇 권 구입해 덴마크로 가져오기는 했지만, 읽을 시간이 나질 않았다. 슬프다. 책 읽는 걸 좋아하는데.

최근 러시아는 이란에서 만든 샤헤드 드론을 이용해 우크라이나를 공격하기 시작했다. 정말로 두렵다. 이 드론은 단순하고 둔하지만, 예측이 어렵고 격추가 정말 쉽지 않다. 이 드론은 우크라이나의 발전소를 표적으로 삼았고, 전력 시스템의 30퍼센트를 파괴했다. 지금은 1,000개도 넘는 도시와 마을에 전력이 공급되지 않는다. 다시 말해, 물 없이 생활하는 사람들도 많다는 얘기다. 이제 상황은 훨씬 더 나빠질 거다. 러시아는 우크라이나 전역을 파괴하려고 하니까. 세상의 종말 같다. 내일은 우크라이나로 돌아가 거기서 전쟁을 보도할 것이다.

여기 이스탄불에 있는 사람들은 내가 러시아인이라는 걸 문제 삼지 않는 것 같다. 간혹 과거 소비에트 국가에서 이민 온 사람들을 만난다. 식사를 하러 간 식당 요리사나 종업원들인데, 그들은 나를 만나 러시아어로 얘기하는 걸 즐거워하는 눈치다. 이스탄불에서는 아직 우크라이나 국기를 보지 못했다. 전쟁 중임을 알려주는 눈에 띄는 증거는 거리에 보이는 수많은 러시아 사람들뿐이다. 그들은 겁에 질려 있는 듯하다. 눈빛에서 두려움이 읽힌다. 길에서 그런 인상의 남자들이 보이면, 간단한 추측 게임을 한다. 그들이 러시아 사람일 거라고 추측을 하고, 그들이 스쳐 지날 때 대화에 귀를 기울이며 답을 확인하는 것이다.

튀르키예의 역사에 관한 글을 몇 편 읽었다. 1,500년 가까이 된 거대한 저수조인 바실리카 시스턴을 찾아갔다. 그 옆에 서 있자니 갑자기 내가 작아지는 기분이 들었다. 그곳을 찾은 관광객들이 많았고, 나는 이런 생각을 했다.
'나는 관광객도 아니고, 이스탄불에 사는 사람도 아니야.
게다가 진짜 이민자도 아니지.'

내가 누군지 모르겠다. 상트페테르부르크에서 아내가 장을 보면, 내 수신함에 디지털 영수증이 도착한다. 그걸 볼 때마다 상트페테르부르크에서 쇼핑을 하러 가던 때가 떠오른다. 내가 러시아를 떠나 있으니, 아내는 내가 가족을 위해 얼마나 많은 일을 했었는지 깨닫고 있다. 새로운 일들을 일과에 끼워 넣는 게 힘들겠지만, 아내는 대단한 사람이고 모든 일을 해내고 있다. 나는 장보기와 요리 담당이었다. 아이들을 깨워 학교에 데려가고, 밤에는 잠자리를 봐줬다. 간단하고도 예측할 수 있었던 일상이 그립다. 눈에 익은 모습과 장소들이 그립다. 이곳에서는 그런 곳을 찾지 못했다. 이스탄불에서 내가 주로 머무는 장소는 지금 살고 있는 집 앞 벤치다.

우크라이나로 돌아왔다. 요즘은 누군가와 미래의 계획에 대한 이야기를 나눌 때면
"만약 우리가 살아남는다면"이라는 표현을 사용한다. 내 기분이 그렇다.
우크라이나 사람들이 많이 살아남았으면 좋겠다.

며칠 전, 르비우에 있는, 장작 난로가 있는 집에 갔다. 최근 빌려서 지내기
시작했다. 크고 따뜻하다. 나무와 포도 넝쿨이 자라는 조그만 뒷마당이 있다.
줌으로 동료들과 이야기를 나누고 있는데 갑자기 이상한 소리가 들렸다.
처음에는 이란의 전투 드론인 줄 알고 무척 겁이 났다. 창밖을 내다보니,
우크라이나 전투기가 우리 집 바로 위를 지나고 있었다. 나중에 남편에게 들으니,
공군 기지가 근처에 있어서 늘 그런다고 했다.

지금은 키이우에 있는 예전 아파트에 있다. 이곳이 마치 무대 세트처럼 느껴진다.
러시아가 우크라이나를 침공하기 전에는 여기서 아이들과 시간을 보냈다. 이제는
아이들이 여기에 없다. 방이 죽은 것만 같다. 아파트가 꼭 텅 빈 상자 같다.
집 같지가 않다. 내 삶이 아닌 것 같다. 며칠 전, 지금 나와 같이 있는 남편이
우리 아파트를 떠날 준비가 되었냐고, 이곳을 영영 저버릴 준비가 되었냐고
물었다. 나는 아이들 방으로 들어갔다. 첫째 아들이 그 방에서 놀던 일, 첫째와
둘째가 같이 놀던 일, 함께 동화를 읽던 일이 떠올랐다. 내가 우는 것을 보고
남편은 당장 떠나지 않아도 된다고, 아직 시간이 있다고 했다. 아파트가 마치
과거에서 찾아온 유령의 집처럼 느껴진다. 추억의 집합체로서만 겨우
존재하고 있다. 고통스럽다.

예전에 함께 작업했던 프랑스 문화 단체에서 초청장을 받았다. 프랑스 거주 허가를 받을 때 보증인 역할을 해줄 수도 있는 곳이다. 일이 잘 풀린다면, 파리에서 집을 구하고, 생계를 꾸리며 새로운 삶을 일굴 방법을 알아봐야 할 것이다. 만약 프랑스 경찰이 국경에서 나를 가로막고 질문을 던지면 어떻게 할지를 상상했다. 머릿속에서 그 사람들과 프랑스어로 논쟁을 벌이면서, 내가 처한 상황을 설명하고 내가 프랑스 미술계와 얼마나 연이 깊은지 얘기했다. 그렇지만 지난 목요일에 이스탄불에서 파리로 올 때, 국경에서는 아무런 질문도 하지 않았다. 공항에서는 프랑스 남자가 트램 티켓을 대신 사주기까지 했다. 러시아 은행에서 발급받은 내 카드가 해외 이용이 막혀 있었고, 마땅한 잔돈이 없었기 때문이다.

파리는 아름다운 도시다. 5년 전 아내와 이곳에 왔었다. 우리가 같이 갔던 장소들을 찾아가보고 있다. 상트페테르부르크에서 여기로 이민을 온 친구 하나와도 시간을 보냈다. 산책을 나가고, 또 친구와 함께 센 강변에 앉아 와인과 치즈를 먹으니 정말로 도움이 되었다. 우리는 예전에는 어땠는지, 또 지금은 우리 상황이 어떤지를 얘기했다.

프랑스인 친구와 함께 지내고 있다. 그 친구도 예술가다. 오늘은 그의 집 청소를 도와주는 이를 만났다. 몰도바 출신인데, 러시아어를 할 줄 안다고 친구가 얘기해주었다. 우리는 전쟁에 관해 얘기를 나눴다. 그녀는 자신의 언니가 러시아에 살고 있고, 러시아를 떠나고 싶지 않아 한다고 말했다. 그 언니가 전쟁을 지지하는지 반대하는지는 묻지 않았다. 내가 그걸 묻는 건 윤리적이지 않다는 생각이 든다. 그녀의 마음을 상하게 하고 싶지 않다. 그리고 설령 그 답이 어느 쪽이건, 전쟁을 일으킨 나라에서 온 사람은 그녀나 그녀의 언니가 아니라 바로 나다.

르비우에 있다. 폭탄 소리가 계속 들리지만, 적어도 전기는 들어오고 물도 공급된다. 키이우에서 며칠을 지냈었는데, 정전 때문에 녹록지가 않았다. 이란에서 만든 드론이 전력 발전소를 파괴해, 에너지를 아끼고자 일부 지역에서는 하루에 최대 열두 시간까지도 전기 공급이 중단된다. 이는 곧 고층 아파트에 사는 사람들은 물도 부족하다는 뜻이다. 아직은 날씨가 춥지 않아서 난방을 할 필요는 없다. 그렇지만 겨울이 다가오고 있으니 곧 힘들어질 것이다.

우크라이나 전역에서 지역마다 전력 공급이 중단되는 날짜와 시간이 발표됐다. 전기회사에서는 키이우에 있는 우리 아파트 건물 배선이 아주 복잡해서, 정확히 얼마 동안 전기가 끊기는지 확정하기가 불가능하다고 했다. 나는 정전이 예정되어 있지 않은 때에 일을 조금 하고 아침 식사를 준비해둘 생각이었지만, 갑자기 정전이 되는 바람에 아파트를 나와 제일 가까운 카페에서 아침을 먹어야 했다. 하루는 저녁에 돌아왔는데 건물에 전기가 들어오지 않는다는 걸 알게 되었다. 그래서 20층까지 걸어 올라가, 다시 불이 들어올 때까지 어두운 아파트에서 몇 시간 동안 앉아 있어야 했다. 남편과 나는 우크라이나의 에너지 공급 업체가 웃음을 터뜨리게 하고 싶다면, 그저 오늘 하루 우리의 계획을 얘기해주기만 하면 된다고 농담을 주고받았다. 이번 주에는 우크라이나에 있는 기자들에게 포격에서 살아남는 법과 부상당한 민간인 구조법을 알려주는 워크숍을 주최한다. 전기 공급이 끊기고 드론이 돌아다녀서, 이 워크숍을 여는 것 자체가 도전이다.

파리에 와서 처음 며칠 동안은 잠을 이루기가 힘들었다. 어쩌면 침대에서 뉴스를 읽기 때문인지도 모른다. 잠들 수 없을 때면 가족들이 곁에 있다고 상상한다. 그러면 결국 잠이 든다. 혹시 내가 할 수 있는 일이 있을까 싶어 프랑스 출판사들을 찾아다니고 있다. 프랑스는 러시아보다 생활비가 많이 들어서, 여기서도 계속 예술가로 일을 할 수 있을지 잘 모르겠다. 러시아 친구를 다시 만났다. 이번에는 전쟁 얘기를 하지 않았고, 그래서 모든 게 괜찮았다. 줌으로 상트페테르부르크에 있는 동료 예술가 친구들도 몇 명 만났다. 우리는 일 이야기를 나누었다. 열심히 일하는 게 지금의 삶을 헤쳐 나가는 데 도움이 된다. 예술은 내게 일종의 닻 같다.

며칠 전, '망명 예술가 에이전시'라는 문화 공간에서 열린 파티에 갔다. 러시아인을 비롯해 전 세계에서 온 예술가들을 지원하는 단체다. 우랄 지역 출신 랩 뮤지션의 공연으로 파티가 시작되었다. 프랑스에서 생활한 지 3년이 되어가는 우크라이나 여자도 있었다. 우리는 러시아어로 얘기를 나눴다. 그렇지만 전쟁 얘기는 하지 않고, 간단한 얘기만 했다.

며칠 전 아이들이 숙제를 도와달라며, 혹시 내가 답을 아는지 확인도 할 겸 전화를 했다. 아이들은 새로운 컴퓨터 게임과 만화책 이야기를 했고, 또 생일에 받고 싶은 선물도 이야기했다. 나는 생일에 맞춰 돌아갈 수 있을지 잘 모르겠다고 했다. 우리 가족이 모두 이민을 가려고 계획한다는 얘기는 아직 아이들에게 하지 않았다. 아직 현실적인 계획이 없는 마당에, 이민 얘기를 꺼내는 것을 아내는 굉장히 힘들어하게 되었다. 아내와 이민 얘기를 할 수 없으니 나도 힘들다. 나는 파리에서 모든 걸 혼자 준비해야 한다. 그리고 모든 게 해결되면, 아내가 짐을 쌀 것이다.

남편과 나는 키이우로 돌아왔다. 전술 의료 훈련을 사흘 동안 받았다. 최전선에서 사람 목숨을 살리는 법을 배울 수가 있었다. 내일은 키이우 바로 외곽에 있는 이르핀과 부차로 가, 그곳 사람들이 러시아의 침공 이후 겪은 트라우마에 어떻게 대처하고 있는지, 또 어떤 식으로 겨울을 대비하고 있는지 알아볼 것이다.

밤이면 기온이 영하로 떨어지고 있다. 아파트는 전기가 들어올 때만 난방이 된다. 모직 옷을 입고 두툼한 슬리퍼를 신고 지낸다. 이제는 하루 평균 열두 시간씩 전기가 끊긴다. 아침에 네 시간, 오후에 네 시간, 밤에 네 시간. 우리의 일상은 이제 에너지 공급 업체의 일정에 맞춰져 있다. 그 일정에 따라 언제 아침 식사를 준비해야 하는지가 정해진다. 언제 밖으로 나가 전기가 공급되는 카페를 찾아봐야 하는지(그래야 일을 하니까), 언제 전기가 돌아와 귀가할 수 있는지가 정해진다. 어제는 우리 집 건물에 전기가 돌아올 때까지 차 안에서 한 시간을 기다렸다. 엘리베이터가 작동하지 않을 때 20층까지 올라가는 건 너무 힘들기 때문이다.

사람들이 내게 키이우에 '돌아왔는지' 물을 때면 뭐라고 해야 할지 모르겠다. 그 어디로도 돌아오지 않은 것 같은 느낌이기 때문이다. 나는 지금 코펜하겐과 키이우 사이에서 두 가지 현실을 오가고 있다. 그게 문제라고조차 더 이상 느껴지지 않는다. 한 곳에 너무 오래 머무르지 않는 것이 하나의 시스템인 것만 같다. 적어도 내게는 하나의 시스템이 있다. 과거 소비에트 연방이었던 나라에 사는 사람들은 일시적인 것이야말로 유일하게 영원한 것이라는 소리를 곧잘 한다. 내가 지금 겪고 있는 게 바로 그런 거다.

이번 주에는 시테 앵테르나시오날 데 자르로 이사했다. 프랑스 문화원이 후원하는, 파리에 있는 예술가 레지던시다. 징집을 피해 러시아를 탈출했고, 지원금을 받고 있는 다른 러시아인들이 시테에 제법 있다는 얘기를 들었다. 12월 말까지 이곳 숙소에서 지낼 수 있고, 재정적으로 도움이 되는 지원금도 두 달 동안 받고 있으니, 당장은 괜찮다. 출판사 미팅이 있어 아를이라는 도시에 갔다. 출판사 대표는 자기 집에 와서 머무르라며 나와 우리 가족을 초청했다. 젊고 혼자서 생활한다면야 한집에서 함께 지낼 수 있겠지만 두 가족이 부엌과 욕실을 나누어 쓴다면 사생활이 보장된다는 느낌을 받기가 어려울 것이다. 이제부터는 혼자 살아가는 데 익숙해져야 한다.

이틀 전, 파리에서 화이자 코로나바이러스 백신을 접종했다. 그전에는 러시아의 스푸트니크 V 백신만 맞은 상태였는데, 여기서는 그 백신이 인정되지 않는다. 지난봄, 러시아의 우크라이나 침공 때문에 세계보건기구는 스푸트니크 백신의 검증을 무기한 연기해둔 상태다.

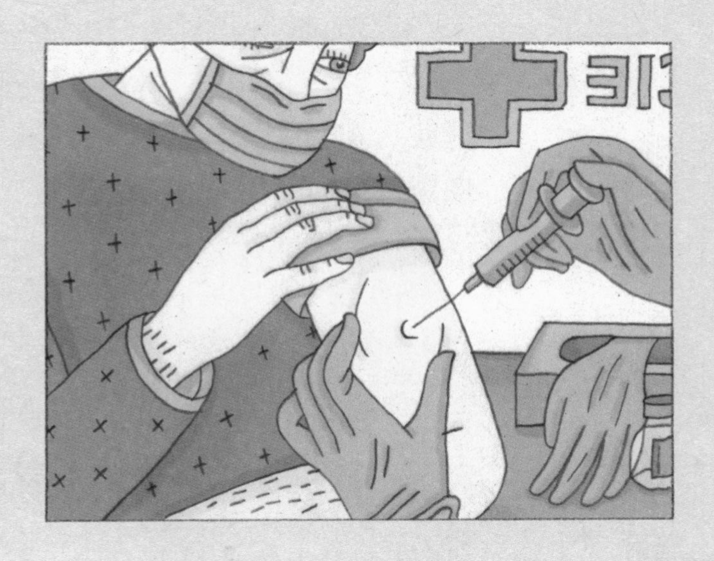

죄책감이라는 감정에 관해 생각하고 있다. 러시아인인 나는 죄책감을 느낀다. 그런 한편으로, 집단적인 죄책감이라는 개념에는 반대한다. 집단적인 죄책감은 개인적인 죄책감을 직면하지 못하게 만든다고 생각한다. 나는 개인적인 죄책감을 느끼고 있을까? 잘 모르겠다. 지난 몇 년 동안 나는 국제 예술계에, 또 내가 러시아로 초청했던 예술가들에게 우리나라를 드러내며 나의 조국을 변화시키기 위해 열심히 노력했다. 이제는 그게 충분하지 않았다는 걸 잘 안다. 그렇지만 나의 노력이 실제로는 아무것도 바꾸지 못했다는 걸 안다고 해도, 몇몇 개인에게는 영향을 끼쳤기를 바란다. 나는 내가 했던 것 이상의 행동을 하지는 못했을 것 같다.

내일 아침에는 취재차 헤르손에 갈 것이다. 헤르손이 해방되어 정말 기쁘다.
헤르손 사람들은 거의 아홉 달 동안 러시아의 점령에 시달렸다. 이제는 자유가
되었다. 그렇지만 아직 물이나 전기가 없어, 어렵게 생활하고 있다.
헤르손에 사는 친구의 아버지는 러시아군에 붙잡혀 전기 고문을 받았다.
협조를 거부했다는 게 이유였다. 결국 러시아군은 그를 길거리에 내버렸고,
친구 아버지는 불과 몇 주 전에야 집으로 돌아왔다. 겨우 목숨을 부지했다.
친구는 아버지를 다시 만났고, 두 사람이 함께 헤르손 해방을
축하하는 사진을 내게 보냈다.

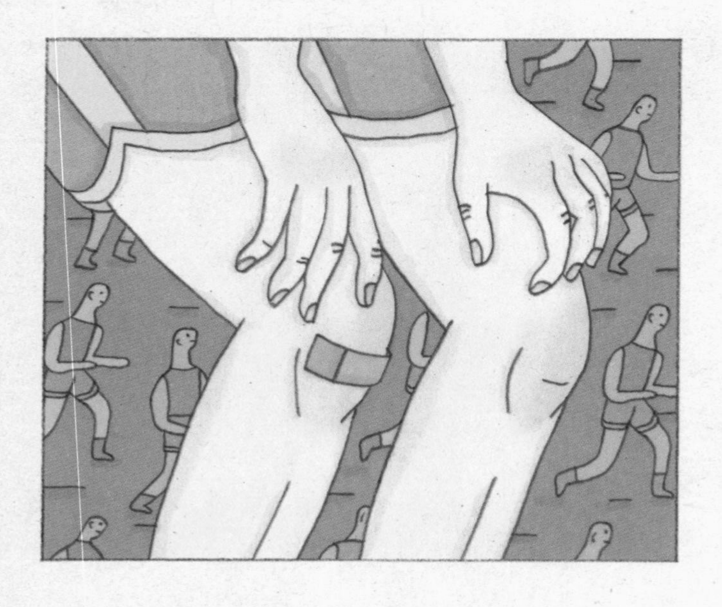

때로 마라톤을 뛰고 있는 기분이 든다. 비축해둔 힘을 이미 다 썼는데,
쉬고 싶어서 잠시 멈추자 트레이너가 쉬지 말고 1,000킬로미터를 다시 뛰라고
얘기하는 것만 같다. 더 이상 에너지가 남아 있지 않지만, 그렇다고 이 전쟁을
멈추고 쉴 수 있는 것도 아니다.

아이들을 벌써 한 달째 못 만났다. 앞으로 몇 주 동안도 만나지 못할 거다.
취재 일을 할 때는 아이들과 아예 떨어져 지내는 편이 낫다는 생각을 한다.
어려운 상황을 끊임없이 마주쳐야 하고, 날이 선 채로 지내니까. 이런 불안감을
아이들과 나눌 수는 없다. 그건 부당한 일이다. 이런 감정을 인정하자니 슬퍼진다.
나는 그다지 좋은 엄마가 아닌 것 같다.

여기 파리에서는 언어가 유일한 문제다. 사람들은 내가 프랑스어를 잘한다고들 하지만, 프랑스어를 할 때면 집중을 해야 하고 그러면 피곤해진다. 리가에서는 러시아어로 거의 생활을 할 수가 있어서 훨씬 수월했다. 오랑주리 미술관을 찾아갔다. 마티스, 피카소, 모네 그림을 보니 좋았다. 언젠가 러시아 친구가 이렇게 얘기한 적이 있다. "낯선 상황에 처하게 되면, 미술관을 찾아가." 지난 여섯 달 동안, 나는 리가, 빌뉴스, 이스탄불, 그리고 파리에 있는 미술관을 찾았다. 예술은 사람들이 현실에서 멀어질 수 있게 해준다. 적어도 잠시 동안은 말이다.

그간 프랑스 은행 계좌를 개설할 수 없었다. 심지어 체류 허가가 있어도 러시아 사람들이 계좌를 개설하지 못하게 막고 있는 형편이다. 러시아를 떠날 때 현금을 좀 챙겨 왔고, 휴대폰은 핀란드 친구 명의로 개통했다. 그래도 일단 체류 허가가 나오면, 내 이름으로 계좌를 개설할 수 있는 온라인 은행을 찾을 수 있기를 기대해본다.

나쁜 꿈을 꾸었다. 꿈속에서 아내는 프랑스에서 우리가 살 수 있을지 전혀 확실한 게 없으니, 아이들과 러시아에 머무르기로 결정했다고 했다. 처음에는 꿈 얘기를 아내에게 하고 싶지 않았다. 그렇지만 결국 꿈 얘기를 하니, 아내는 그런 일은 없을 거라면서 걱정하지 말라고 했다. 지난주가 아내의 생일이었다. 상트페테르부르크에 있는 친구에게 내가 보내는 선물과 꽃을 우리 아파트 앞에 갖다놓아달라고 부탁했다.
그날 저녁, 나는 파리에 있는 친구들과 저녁을 먹었고, 아내의 생일을 축하하려고 케이크를 샀다. 그녀에게 전화를 걸어 프랑스어로 생일 축하 노래를 불러주었다. 지난주에 있었던 가장 중요한 일이었다.

지난주, 해방된 헤르손에 찾아갔다. 기자 친구들 가운데 헤르손 출신이 많았는데, 러시아 점령 기간에는 돌아갈 수가 없었다. 친구들은 헤르손에 다시 돌아와서 굉장히 기뻐했다. 내가 오랜 시간 살았던 크림 반도가 해방되어 다시 돌아간다면, 나는 제일 먼저 무얼 할까? 무릎을 꿇고 땅에 입을 맞출까? 내가 할 법한 행동은 전혀 아니다. 그렇지만 크림 반도가 너무나 그리워서, 만약 그곳에 돌아갈 수 있다면 정말 행복할 것 같다. 헤르손은 음산하다. 전기도 없고, 난방도 되지 않고, 물도 없고, 휴대폰도 거의 터지지 않는다. 지역 주민 수천 명이 매일 중앙 광장에 모여 인도주의 지원 단체가 배급하는 음식과 물을 받는다. 어떤 사람들은 줄을 서서 기다릴 수 없는 사람들과 음식을 나눈다. 계속 전기가 끊긴 상태여서 문을 닫은 가게가 많다. 전기가 없으니 식품 생산도 속도가 느려졌다. 그래도 사람들은 계속 해방을 축하하고 있다. 그런 모습을 보니 힘이 난다.

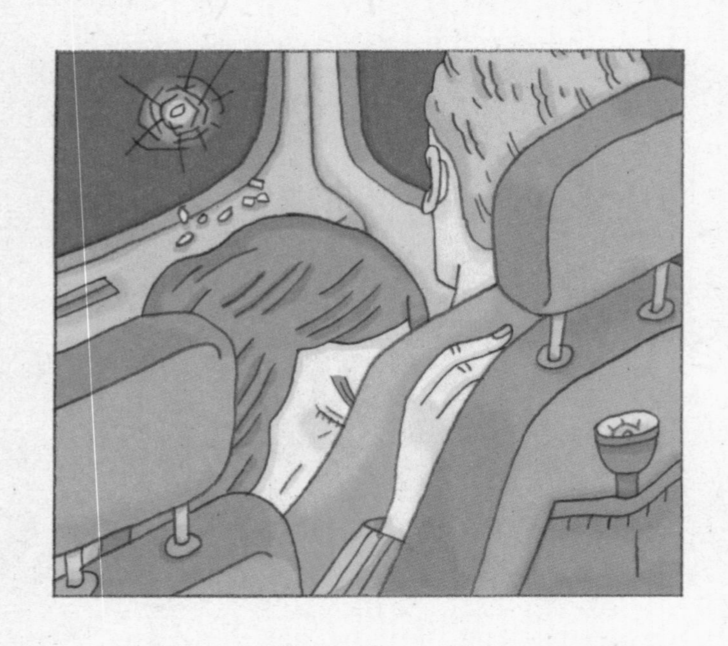

사람들은 러시아 군인들을 피해 집에 숨은 이야기를 내게 들려주었다. 어떤 사람들은 러시아군에게 심문당한 얘기를 해주었다. 고문당한 사람들이 많았다. 어느 날 밤, 통행금지가 시작되고 불과 십 분 뒤, 어린 아들과 차를 타고 집으로 돌아오는 길에 남편이 죽임을 당한 여자도 있었다. 저격수가 남편의 머리를 총으로 쐈다. 그녀의 친구의 삼촌 역시 어느 새벽, 통행금지 해제 직전에 걸어서 출근을 하다가 저격수의 총에 맞았다. 인간이 어떻게 그런 짓을 할 수 있을까?

우크라이나 출신 사진가 보리스 미하일로프의 전시를 보러 파리에 있는 유럽 사진 미술관에 갔다. 소비에트 체제 시절 사진들이 많았다. 그의 고향인 하리코프 시리즈를 보니, 내가 러시아에서 자라며 봤던 마을들이 많이 떠올랐다. 빨간 깃발과 함께 행진하는 사람들을 보고는 어렸을 때 동참했던 행진이 떠올랐다. 그때 내가 얼마나 행복했었는지 기억이 났고, 갑자기 향수에 젖었다. 소비에트가 무너진 직후에 찍은 사진들도 있었다. 그 무렵 우리 고향이 어땠는지가 떠올라 그 사진들은 보기가 힘들었다. 더러운 길거리에는 주정뱅이들이 널브러져 있었고, 벽에는 구호가 잔뜩 쓰여 있었다.

그 사진들을 보고 있자니, 우크라이나 사람들과 러시아 사람들이 공유하고 있는 한 가지는 바로 소비에트 이후 시기의 트라우마라는 생각이 들었다. 러시아는 이 트라우마를 극복하지 못했다. 전쟁 초기에 제재가 가해지자, 많은 러시아인들이 말했다. 우리는 소비에트 이후 시기에 어려웠던 경제 상황을 헤쳐 나왔듯이 똑같은 방법으로 살아남을 거라고. 사람들은 그 시기를 떠나보내지 못한 것 같았고, 그때의 경험을 오늘날 벌어지고 있는 일에 곧바로 적용했다. 반면 우크라이나는 앞으로 나아가고 있는 것 같다. 예전에 우크라이나를 찾을 때면, 그곳 사람들은 보다 열려 있는 것 같았고, 더 강력한 자유를 느낄 수가 있었다. 소비에트 시기, 우리 어머니는 여러 우크라이나 사람들과 함께 일했다. 어머니는 우크라이나 남자들이 아내 얘기를 할 때 최고의 찬사를 하는 것을 보고 감동을 받았다고 하셨다. 러시아 남자들은 자기 아내를 절대 그렇게 칭찬하지 않는다고.

가을—겨울

헤르손에 있다가 어둡고 추운 키이우로 돌아왔다. 전기가 끊겨 엘리베이터가 작동하지 않을 때 20층에 있는 우리 아파트까지 올라가는 게 너무 힘들어졌다. 그래서 다른 건물 1층에 사시는 시부모님 댁에 머물렀다. 그 집은 전기 설비가 다르게 되어 있어서, 정전 시에도 난방이 되고 따뜻한 물이 나온다. 비현실적인 느낌이다. 따뜻한 저녁 식사를 하고(헤르손에서 일주일 내내 먹던 건조 식량과는 전혀 다르다) 목욕을 했다. 최고다!

러시아 점령 당시 헤르손에서 고문을 당한 사람들을 인터뷰했다. 사람들은 자신이 겪은 끔찍한 일을 들려줄 때는 잘 울지 않는다. 그렇지만 자신에게 벌어진 일이 가족들에게 정서적으로 어떤 영향을 끼쳤는지 얘기할 때면, 갑자기 흐느끼기 시작했다. 자기 자신의 고통보다는 사랑하는 사람들이 겪는 고통이 더 견디기 힘든 것 같다. 어쩌면 역사적인 이유 때문인지도 모른다. 소비에트 시절, 사람들은 자신의 진짜 감정을 드러내지 않고 이성적이고 강철 같은 모습을 보여야 했다. 아니면 그저 감정을 다루는 일종의 메커니즘인지도.

키이우에 들른 뒤에는 르비우를 찾아갔다. 그때 러시아가 다시 발전소에 포격을 하기 시작했고, 도시 외곽에서 전기나 난방도 없이, 휴대폰 연결도 되지 않은 채 있게 되었다. 어느 날은 시내로 들어가야 하는데 인터넷이 연결되지 않아 택시를 부를 수가 없었다. 그래서 덴마크에 있는 남편에게 전화를 걸어 대신 택시를 불러달라고 했다. 농담 같지만 이게 바로 러시아가 우리에게 강요하는 현실이다. 오늘은 남편이 코펜하겐을 떠나 다시 우크라이나로 온다. 아이들은 아빠가 떠나지 않았으면 한다. 슬프다.

러시아에서는 어제가 어머니의 날이었다. 어머니에게 전화를 걸었고, 날씨 얘기를 나누었다. 이민이나 전쟁 얘기는 보통 잘 안 한다. 그러면 어머니가 기운이 빠지시니까. 그런데 어제는 어머니가 내가 러시아를 떠나는 게 좋다고 말씀하셨다. 우리 형은 최근에 베오그라드로 이민을 갔다. 어머니는 언제 다시 아들들을 만날 수 있을지 몰라 힘들어하신다. 어머니가 말했다. "만약 전쟁이 더 길어진다면, 러시아에 사는 사람들이 모두 다 미칠 거다. 이런 악몽에서 살아남지 못할 사람도 많을 거야." 그렇지만 어머니가 우리와 함께 떠날 거라고는 생각지 않는다. 한때는 다른 나라에서 사는 걸 고려해보시기는 했다. 이제는 그렇게 하지 못한 걸 후회하고 있다. 지금은 너무 늦었다. 어머니는 혼자 살고 있고, 기운도 없다. 어머니는 내가 여덟 살 때 아버지와 이혼하셨다. 우리 아버지는 푸틴을 지지한다. 우리는 오래전부터 관계가 소원해졌다.

어머니는 최근 들어 건물 입구에 보이는 포스터 이야기를 해주셨다. 폭탄 공격 시 무엇을 해야 하고 어디로 가야 하는지를 거주자들에게 알리는 인포그래픽이었다. 지금 러시아는 소위 특별 대비 경계 단계에 들어서 있다. 폭격이 일어날 수도 있다는 가능성은 떠올리지 않으려고 한다. 전에는 우리 고향의 지방 정부에서 도시 안에 대피소가 하나도 없고, 이 도시의 산업 기반 시설을 생각한다면 폭격 시에는 어차피 모든 게 파괴될 것이라고 주민들에게 얘기했었다. 이제는 인근 대피소 위치가 적힌 포스터들을 배포하고 있다. 어머니는 정부에서 거짓말을 한다는 증거는 더 있을 거라고 하셨다. 포스터 사진을 보내주셨는데, 소비에트 시절에 디자인한 비슷한 종류의 포스터가 훨씬 나아 보인다.

D Week 40

코펜하겐으로 돌아와 인간에게 필요한 모든 설비가 갖춰진 아파트에서 눈을 뜬다.
전기도, 난방도, 깨끗한 물도 있다. 우크라이나에서 몇 주에 걸쳐 취재를 하는 동안
인간에게 필요한 기본적인 것들 없이 살아가다가, 이런 걸 접하게 되니 어찌나 기쁜지.
그렇지만 지금 이 순간에도 이런 걸 누릴 수 없는 수백만 명의 우크라이나 사람들을
떠올리면 너무나 슬프다. 얼음장 같은 집에서 지내고, 제대로 된 음식을 요리할 수도 없고,
그런 동시에 러시아의 폭탄 공격을 두려워하며 살아가는 사람들이 많다.
날씨가 인간에게 끼치는 크나큰 영향을 깨달아가는 요즘이다.

우크라이나에 있는 사람들은 이제 모두 날씨 얘기를 하고 있다. 18~60세 사이의 남성들은
여전히 우크라이나 밖으로 나가는 게 허락되질 않고 있고, 어떤 사람들은 그저 떠나는 데
필요한 재원이 없기도 하다. 추운 겨울 동안 이 사람들에겐 어떤 일이 벌어질까?
전쟁이 계속되는 와중에 보수 정책에 자금을 지원하는 건 돈 낭비라고 할지도 모른다.
러시아가 모든 걸 다시 파괴할 수도 있으니 말이다. 그렇지만 보수하는 게 중요하다.
겨울에 지붕도 없는 집에서 살 수는 없다. 몇 달 전, 부차 시장을 인터뷰하러 부차에
갔다. 지지를 표하러 찾아온 서구 정치인들 모두 다 전쟁이 끝났을 때만 재건 작업을
지원하겠다고 말했다는 얘기를 들었다. 재건 비용은 대부분 우크라이나 정부와
지역 공동체에서 나오고 있다. 없는 것과 다름없는 수준이다.

며칠 전이 남편 생일이었다. 그가 내 인생에 있다는 걸 생각하면
전쟁을 헤쳐 나가기가 훨씬 수월해진다.

지난주에는 파리에서 열린 콘서트에 갔다. 화장실에서 줄을 서서 기다리는 동안, 내 옆에 서 있던 프랑스 여자에게 지금 이 밴드의 공연을 예전에 한 번 본 적이 있다고 얘기했다. 어디서 봤냐고 묻기에 상트페테르부르크에서 봤다고 했더니, 여자가 말했다. "그러면 러시아 사람이신가요?" 나는 "네"라고 했고, 여자는 "안됐네요"라고 답했다. 반어적인 뜻이 아니었다. 정말로 감정을 이입하며 말하는 것 같았다. 요즘에는 어느 나라에서 왔냐는 질문이 제일 답을 하기가 어렵다. 그렇지만 아주 사소하게는 그녀에게 지지받는 기분이 들었다.

레알 쇼핑센터에 연극을 보러 갔다. 우크라이나 예술가들이 극본을 쓰고, 파리로 이민을 온 내 러시아 친구 하나가 제작을 맡았다. 관객들에겐 헤드폰이 주어졌고, 우크라이나어와 프랑스어 가운데 하나를 선택할 수 있었다. 나는 우크라이나어를 골랐다. 들리는 말 중에 고작 절반만 알아들었지만, 우크라이나어를 들으니 연결이 되어 있는 기분이 들었다. 연극은 공습경보 소리로 시작을 했고, 그러자 관객들은 마치 대피소로 걸어가듯이 쇼핑센터 지하로 내려가야 했다. 전쟁이라는 현실에 곧바로 내던져지는 느낌이었다. 헤드폰에서는 우크라이나 사람들의 일상적인 경험에 바탕을 둔 이야기가 흘러나왔다. 우크라이나 사람들은 전쟁에 관한 느낌을 하나하나 공유해주었다. 처음에는 헤드폰을 벗어던지고 싶은 충동이 들었다. 듣고 있기가 힘들었다. 중간 중간 눈물이 맺혔다. 그렇지만 애를 써서 들었다. 또 하나 힘들었던 것은, 우크라이나어로 이야기를 듣고 있는 그 모든 사람들을 보는 것이었다. 그 사람들의 눈을 쳐다보기가 두려웠다.

독감이 일주일도 넘게 이어져서 진이 빠졌다. 그렇지만 정신적으로는 괜찮다. 일상생활에 필요한 모든 것을 갖추고 있으니, 우크라이나에서보다 상태가 훨씬 낫다. 거기서는 두 달 동안 가장 기본적인 것들도 없이 지냈다. 연말까지는 아이들과 코펜하겐에서 지낼 예정이다. 덴마크어를 배우기 시작했다. 덴마크어를 배워야 하는 아이들에게 도움이 되려는 생각이 제일 크지만, 한편으로는 말을 배우면 어울려 살아가는 데 도움이 될 것 같아서다. 첫째는 덴마크어를 아직 아주 잘하지는 못하지만, 말을 빠르게 배우는 편이다. 지난주에는 집에 돌아오더니 학교에서 배운 덴마크 노래를 불렀다. 여기 사람들은 노래를 많이 부르는 것 같다. 낯설게 느껴지는 것이, 우크라이나 사람들은 국가 말고는 함께 노래 부르는 일이 별로 없기 때문이다.

K

Week 42

덴마크 친구네 집에 크리스마스 파티 초대를 받았다. 손님들은 모두 파티 내내 노래를 불렀다! 내가 아는 덴마크 노래는 딱 하나뿐이다. 최근에 DNA 유전자 검사를 해봤는데, 이누이트가 나의 작은 부분을 이루고 있었다! 내가 유전적으로 물려받은 유산이 이렇다는 것을 알고 나니, 덴마크 문화를 배우는 데에 더 관심이 간다.

내 트위터 계정이 "섀도우밴" 처리되었다는 사실을 알게 되었다. 다시 말해, 내 팔로워들 가운데 내 포스팅을 더 이상 보지 못하는 사람들이 많다는 뜻이다. 또, 트위터는 내가 쭉 이용해오던 뉴스레터 플랫폼도 배척하고 있다. 그래서 내가 최전선에서 취재하는 내용들도 곧 차단을 당할 거다. 동료 기자들을 지원하려고 매달 모아오던 구독료를 잃게 된다. 다른 우크라이나 기자들에게도 똑같은 일이 많이 발생하고 있다. 일론 머스크는 자기 영향력을 이용해 힘을 더 가지려는 기회주의자다. 역겹다.

두 번째 코로나바이러스 백신을 맞았고, 몸이 아프다. 파리는 크리스마스와 새해 장식으로 아주 말쑥해 보인다. 거리에는 웃으며 사진을 찍는 사람들이 많다. 나도 그런 연휴 기분에 젖어보려 했지만, 그렇게는 잘 안 된다. 체류 허가가 나오기를 계속 기다리고 있다. 한편으로는 비자 기간이 다 되어서, 지금 나는 공식적으로는 프랑스에 불법으로 체류하고 있다. 새해를 맞이해서 러시아에 가는 것도 생각해봤다. 그렇지만 지금 떠난다면 몇 년 동안 프랑스에 재입국하는 걸 금지당할지도 모른다. 비자 기간을 넘겨서 체류했으니까 말이다.

새해 전날이 되면 우리 가족은 보통 정성스럽게 식사를 준비한다. 영화를 보고, 자정이 지나면 동네를 산책한다. 모두 선물을 받는다. 아이들은 아침이 오기 전에는 선물을 열어볼 수 없다. 새해 전날 밤에 선물을 열었다가는 밤새 가지고 놀게 될 테니까. 올해에는 우편으로 선물을 보냈다. 아이들에게는 레고 세트와 닌텐도 게임을, 아내에게는 따뜻한 잠옷을 보냈다.

어제 아이들과 얘기를 하면서 새해에 나는 집에 가지 않을 거라고 알렸다. 둘째 생일인 2월 1일에는 올 거냐고 아이들이 물었지만 모르겠다고 얘기했다. 내가 왜 러시아를 떠났는지 처음으로 설명해주었다. 둘째는 전쟁에 나가는 것보다는 떠나 있는 편이 낫다고 맞장구를 쳐주었다. 첫째는 이렇게 얘기할 뿐이었다. “아! 알겠어요.” 그러고는 새로운 컴퓨터 게임 얘기로 넘어갔다. 우리는 같이 산책을 나가고 그런 게임 이야기를 했었다. 산책하던 때가 많이 그립다. 둘째는 여름에 리가에서 만날 수 있냐고 물었다. 그전에는 못 만날 거라고 얘기했을 때 아이가 실망하는 모습을 보니 마음이 많이 힘들었다. 이 글을 쓰면서 나는 울고 있다. 전쟁이 시작된 뒤로 두 번째 혹은 세 번째 울음이다.

독감 때문에 계속 아프다. 미쳐버릴 것 같다. 2주 전 우크라이나를 떠난 뒤로 계속 아팠다. 지금 이렇게 코펜하겐에 있으니 마음이 놓여서 몸이 이런 반응을 하는 걸까.

지난주는 내 생일이었다. 지난해를 생각해보니, 내가 운이 좋다는 사실을 깨달았다. 나는 살아 있다. 내가 좋아하는 일들을 하고 있다. 멋지고 든든한 사람들에게 둘러싸여 있다. 내가 바랄 수 있는 한 최고의 가족과 동반자가 있다. 무서운 상황에 처해 있기는 해도, 필요한 모든 것이 있다. 우크라이나 친구 하나가 베를린에서 축하를 해주러 왔는데, 딱 내게 필요한 것이었다. 전쟁이 나기 전에는 키이우에 있는 근사한 곳에 수십 명이 모여 함께 축하하고는 했다. 러시아 덕분에 더 이상 그럴 수 없다. 그 대신, 친구와 나는 코펜하겐의 거리를 걷고, 미술관에 가고, 우리의 삶과 문제와 희망을 얘기하면서 하루를 보냈다.

러시아는 단지 파괴만 하는 게 아니다. 우리 우정에도 영향을 끼치고 있다. 한때 내가 살았던 크림 반도를 2014년에 러시아가 합병한 뒤로, 나는 친구들을 많이 잃었다. 기자라는 이유로 러시아가 나를 블랙리스트에 올린 바람에, 그 뒤로 나는 크림 반도에 가보지 못했다. 그곳에 사는 친구들 몇 명하고만 계속 연락이 닿는다. 친구들과 이렇게나 멀리 떨어져 지내는 건 쉬운 일이 아니다. 내가 자라난 러시아에서 어린 시절 어울리던 친구들 생각도 난다. 그 친구들과 얘기를 나누지 못한 지 몇 년이 되었다. 대부분은 푸틴 편을 든다. 심지어 어떤 친구들은 내가 우크라이나를 지지한다며 배신자라고 했다. 그 친구들을 달리 설득할 만한 에너지는 없다.

이번 크리스마스는 아이들과 어머니와 함께 여기 코펜하겐에서 보낼 것이다. 남편은 우크라이나에 있다. 함께 연휴를 보낼 수 없다는 게 슬프다.

오늘부터 파리에 있는 예술가 레지던시에서 보내는 마지막 한 주가 시작된다. 생활을 제대로 꾸리고, 살 곳을 찾아야 한다. 아내와 힘든 대화를 나누었다. 아내는 내가 새로운 생활에 이미 정서적으로 적응한 줄로 생각하고 있었다. 내가 느끼는 의구심과 두려움을 처음으로 아내에게 얘기했다. 프랑스에서 나는 아무런 사회적 지위도 없다. 우리 가족을 데려올 집도 없다. 여기서 사람들을 많이 만나기는 했지만 외로운 기분이 든다. 아내에게는 이미 걱정거리가 너무 많기 때문에, 이 모든 걸 아내에게 이야기하는 걸 삼갔었다. 그녀가 내 입장을 이해하기는 어려우니까. 아내와 얘기를 나눌 때는 주로 긍정적인 면에 초점을 맞추려고 한다.

전쟁 후 우크라이나와 러시아는 어떤 모습으로 화해할 수 있을까? 우크라이나를 향한 적대감을 멈춰야 할 것이다. 모든 우크라이나 영토에서 러시아가 철수해야 할 것이다. 그리고 배상하고, 배상하고, 또 더 배상해야 할 것이다. 러시아가 달라지려면 정부에 있는 모든 사람들을 바꿔야 한다. 푸틴은 그 대화에 끼어서는 안 된다. 그리고 러시아가 사과를 해야 한다. 그렇지만 말보다는 행동으로 사과를 하고, 우크라이나를 재건하는 데에 재정적으로 동참해야 한다. 단, 우크라이나의 일에 간섭해서는 안 된다. 러시아의 사회적 변화를 얘기해본다면, 아마 10년이나 그 이상이 걸릴 것이다. 푸틴을 지지하는 것이 사실상 나치 같은 체제를 지지하는 일이라는 사실을 사람들이 인정하기는 어려울 것이다.

남편이 취재 업무 때문에 국외 출입 특별 허가를 받았다. 우리와 코펜하겐에서 크리스마스를 함께 보낼 수 있다! 어머니와 덴마크 친구도 함께 모여 크리스마스를 축하했는데, 정말 좋았다. 덴마크 전통 음식과 와인을 먹고 선물을 교환했다. 이 모든 역경 속에서 올해 크리스마스가 이렇게 특별해질 줄은 전혀 생각하지 못했다. 그리고 전쟁이 나를 바꿔놓았다는 사실도 깨달았다. 나는 예전과는 전혀 다른 방식으로 우리 가족을 아끼고 있다. 그들의 유별난 면을 받아들이는 게 수월해졌다. 전쟁은 단순한 행동이 목숨을 살리는 데 도움이 된다는 사실도 알게 해주었고, 다른 사람들과 나누는 것이 중요하다는 것도 일깨워줬다. 위기가 찾아올 때면 우리 인간들은 서로의 지식과 도움에 의지하니까 말이다.

어머니는 고고학자이자 교수인데, 러시아 여권이 있어 덴마크에서 일을 구할 수가 없다. 그녀는 크림 반도에서 오랫동안 러시아인으로 살았고, 2014년에 우크라이나 여권을 신청했지만 발급받지 못했다. 크림 반도가 합병되었기 때문이다. 지금은 전쟁 때문에 우크라이나 여권을 받을 수가 없다. 덴마크 대학들이 고용을 원치 않아서, 크림 반도로 돌아가려는 계획을 세우고 있다. 크림 반도에서 우크라이나인으로 성장한 어머니의 남편은 여전히 크림 반도에 살고 있고, 그곳을 떠나려 하지 않는다. 어머니는 자신에게 달리 선택의 여지가 없다는 사실을 받아들이고 있지만, 무척 슬퍼하고 있다. 어머니가 크림 반도로 돌아가는 게 걱정이 된다. 포격 때문에도 위험할 것 같지만, 또 한편으로는 여권에 유럽연합에서 받은 비자가 많이 남아 있고 우크라이나를 지지하는 입장을 공공연히 했기 때문이다. 어머니에게 일어날 수 있는 일은 상상조차 하기 싫다.

예술가 레지던시에서 크리스마스를 축하했다. 오스트레일리아와 한국을 비롯해 다양한 나라에서 온 사람들이 있었다. 맥앤치즈와 따뜻한 와인을 먹었다. 내가 러시아 음악을 듣자고 제안해서 함께 모네토치카의 노래를 들었다. 최근에 리투아니아로 이민을 간 인기 있는 러시아 가수인데, 우크라이나를 위한 기금 마련 공연을 펼치고 있다. 라트비아와 아르메니아 출신 예술가들과 러시아어로 얘기를 나누었다. 러시아에 관해서 가장 그리운 것으로 손꼽을 수 있는 건 바로 언어다. 그렇지만 내게 러시아어는 단지 우리나라를 대표하는 것 이상이다. 서로를 쉽게 이해할 수 있는 느낌 그 자체다.

그날 저녁에는 러시아 이민자들을 위한 파티에 갔다. 대부분 한 번도 만난 적 없는 사람들이라서 조금 불안했다. 저녁 시간이 끝나갈 무렵, 손님 하나가 굉장히 감정적으로 굴었다. 그 여자는 살짝 취해 있었다. 얼마나 무력한 기분이 드는지, 또 얼마나 푸틴이 죽기를 바라는지 얘기했다. 파리에 있는 러시아 사람들은 전쟁에 반대한다는 말을 공공연하게 할 수 있는 것 같다. 적어도 사적인 자리에서는.

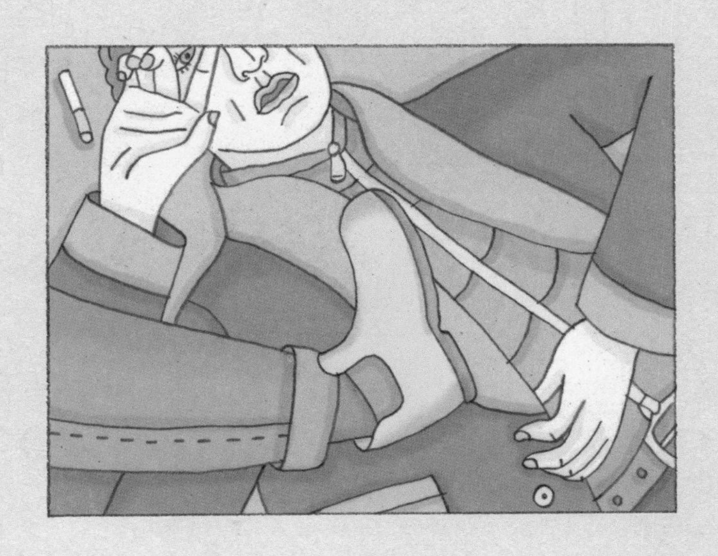

집으로 오는 길, 거리에서 공격을 당했다. 남자 하나가 담배를 요구했고, 다른 남자 두 명은 뒤에서 내게 다가왔다. 그들은 나를 땅바닥으로 밀치고는 구타했다. 내게 프랑스어로 말을 해서 나도 처음에는 프랑스어로 대꾸했지만, 잠시 뒤에는 러시아어로 되는대로 소리를 지르며 도와달라고 외쳤다. 외국어로 말하면 겁을 줄 수 있을지도 모른다고 생각했다. 주머니에서 30유로를 꺼내 그들에게 주었다. 눈에 멍이 들었다. 그전까지는 파리를 감정적인 트라우마와 연관 짓고는 했다. 사회적인 지위도 없이 외국에 살고 있으니 말이다. 이제는 물리적인 트라우마까지 얻게 되었다. 하!

새해 전날, 남편과 아들들과 함께 코펜하겐의 아파트 근처에 있는 아름다운 호숫가로 산책을 갔다. 오리와 갈매기가 많았고, 백조도 한 마리 있었다. 새들에게 과자를 주었는데, 백조는 아들의 손에서 바로 과자를 받아먹었다. 다른 백조는 보이질 않아 이상했다. 백조들은 보통 짝과 평생을 보낸다. 가만 보니 그 백조가 천천히 걷고 다리를 절뚝거렸다. 혹시 이 백조의 짝에게 무언가 안 좋은 일이 벌어진 게 아닐까 싶었고, 슬픈 기분이 들었다. 이렇게 아름답고 평화로운 곳에서 사는 백조에게조차도 완전한 행복은 없다.

집으로 돌아오고 나서는 지난해 일들을 차근차근 새겨보았다. 참고 삼아 휴대폰에 있는 사진을 살펴봤다. 비둘기며, 오리며, 갈매기며, 새 사진이 정말 많았다. 러시아가 침공하기 전, 매일같이 키이우에 있는 아파트 맞은편 운하에서 찍은 사진들이었다. 전쟁이 나고 나서도 내 삶에 그대로 남아 있는 딱 한 가지는 바로 새를 관찰하고 새에게 먹이를 주는 습관인 것 같다.

남편은 일곱 살 난 우리 아들에게 젤렌스키 대통령의 새해 연설 영상을 보여주기로 마음먹었다. 젤렌스키 대통령이 수많은 전쟁 희생자 얘기를 꺼내자, 갑자기 화면에 폭탄 공격과 부상당한 사람들, 피가 등장했다. 아들이 울기 시작했다. 우리는 방금 본 건 지금 벌어지고 있는 일이 아니라고, 걱정하지 않아도 된다고 설명해주었다. 아이는 그런 모습은 어느 누구도 절대 봐서는 안 된다고 말했다. 나도 아이와 똑같은 생각이다. 영상을 기획한 사람은 어린아이들이나 트라우마를 입은 우크라이나 사람들이 이 영상을 볼 수 있다는 걸 고려하지 않은 것 같다. 2023년에는 정말로 좀 쉬고 싶다. 그렇지만 과연 그럴 수 있을까.

상트페테르부르크에서 온 친구들과 렌에 있는 프랑스 친구네 집에서 한 해의 마지막 날을 보냈다. 마요네즈가 들어간 러시아 전통 샐러드를 가져갔는데, 정말로 반응이 좋았다! 파티에 온 사람들이 춤을 추기 시작했을 때, 나는 그 즐거움을 함께 누릴 수가 없었다. 밤새 가족을 생각했다. 우리는 종교가 없기 때문에 크리스마스는 우리에게 그다지 중요하지 않다. 한 해의 마지막 날이 더 중요한 날이고, 이날을 가족과 함께 보내지 않은 건 이번이 처음이었다. 파티 손님들 가운데는 아이들을 데리고 온 사람들도 있었다. 그 아이들을 보기가 힘들었다. 보고 있자니 내 아이들이 떠올랐고, 우리 가족이 한 해의 마지막 날을 함께할 수 없어서 아이들이 얼마나 슬퍼할지 떠올랐다. 상트페테르부르크가 자정이 됐을 때 가족에게 전화를 걸었다. 우리는 서로에게 축복을 기원했다.

수많은 러시아 사람들의 새해 소원은 딱 한 가지다. 바로 블라디미르 푸틴이 죽는 것. 여러 친구들이 이런 속내를 각자의 계정에 은근히 내비쳤지만, 그의 이름을 직접 언급하지는 않았다. 누군가의 죽음을 바란다는 게 기분이 좋지 않기는 하지만, 나 역시 그런 생각을 한다. 그렇지만 내게 제일 큰 꿈은 가족을 다시 만나는 것이다. 아직도 체류 허가를 기다리고 있어서, 당분간은 프랑스에 발목이 잡혀 있다. 내 뜻대로 할 수 있는 게 아무것도 없는 것 같다. 올해 가을에 아를에서 열릴 예정인 예술 프로젝트에 참여할 계획이다. 만약 참여할 수 있게 되면, 아를에 우리 가족이 머물 집을 찾아볼 것이다. 몇 주 전, 아내가 아이들에게 나를 만나러 프랑스에 갈 수 있겠느냐고 물었다고 한다. 아이들은 그렇게 할 수 있다고 답했지만 휴가로만 괜찮다고 했다. 상트페테르부르크에 있는 우리 집이야말로 아이들이 정말로 살고 싶은 곳이기 때문이다.

나는 열여섯 살에 기자 일을 시작했다. 일을 하는 동안 생각보다 주름과 건강 문제가 훨씬 많이 생겼지만, 또 한편으로는 세계가 어떻게 이루어져 있는지를 더 잘 이해할 수 있게 되었다. "나는 너무 많은 걸 알고 있어"라는 말을 자주 한다. 기자들은 다른 사람들보다 더 나쁜 것들을 본다. 그건 내 삶에 영향을 끼친다. 그렇지만 독재자를 타도해야 하는 이유, 세상이 그것을 이해하는 데 필요한 증거를 수집하는 것이 나의 의무다.

때로는 진실을 파헤치고 싶은 마음으로 인해 위험한 상황에 처하기도 한다. 2014년, 나는 이고리 베즐레르를 인터뷰했다. 점령당한 돈바스 지역을 맡고 있던, 친러시아파 반란 지도자였다. 별명이 베스였는데, '악마'라는 뜻이었다. 그의 작전 기지로 찾아갔는데, 그가 우크라이나 활동가들을 지하실에 포로로 잡아두고 있다는 사실을 알게 되었다. 휴대폰을 인터뷰 장소 바깥에 두고 오라고 했지만, 나는 또 다른 휴대폰을 몰래 숨기고 들어갔다. 그는 지하실로 내려가도 좋다고 허락을 했고, 나는 거기서 포로들 몇 명을 만날 수 있었다. 그때, 베스가 말했다. "조심하시오. 안 그러면 당신 죽을 수 있어요."(나중에 자기 마음에 안 드는 말을 했다는 이유로 그가 예전에 다른 여성 기자를 고문했다는 사실을 알게 되었다.) 그 뒤로 얼마 지나지 않아, 동료들과 나는 포로들이 풀려나도록 도울 수가 있었다. 이제는 나도 어머니가 되었기에 나의 안전에 대해 더 많이 생각한다. 모성은 나를 더 현명하게 만들어주었다.

점령 지역에서 계속 취재를 하고 싶지만 그럴 수가 없다. 나는 우크라이나 기자여서 그 지역에 들어가는 게 금지되었다. 내가 2014년처럼 쓸모 있는 것 같지가 않다.

연초는 친구들과 함께 프랑스 북부 해안을 따라 짧게 여행을 다니며 보냈다.
생 말로의 작은 해변을 찾아 앉아 있으니 물이 밀려들기 시작했다. 한 시간 뒤에는
물이 해변을 전부 뒤덮었다. 바로 지금 러시아에서도 똑같은 일이 벌어지고 있다는
생각이 들었다. 우리나라는 거대한 파도에 휩쓸려 내려가고 있다.
밀물이 지나고 나면 썰물이 올 것이다.

러시아 바깥에 있기는 하지만 사람들이 있는 곳에서 전쟁에 반대한다는
얘기를 꺼내기가 두렵다. 그랬다가 러시아에 있는 가족들에게 문제가
생길까봐 두렵다. 최근 나는 파리에서 열린 어린이 도서전에 갔다.
시상식 도중, 다른 사람들과 함께 무대에 올라와 내 작업에 관해
얘기해달라는 요청을 받았다. 거절했는데, 그 무대에 올랐다가 사람들 앞에서
전쟁에 관한 의견을 말하게 될까봐 걱정이 됐기 때문이다.

최근에는 내가 하고 있는 작업 때문에 문제에 휘말릴 수도 있지 않을까 하는 생각이
든다. LGBT 이슈에 초점을 맞춘 것들도 있기 때문이다. 지난해, 러시아는
소위 'LGBT 프로파간다'라는 것을 금지하는 법안을 통과시켰다. 이 법에는 구체적인
규정이 없고, 또 이 법이 정확히 어떤 의미인지는 아무도 모르기 때문에,
내 작품이 그 범주에 들어가는지는 모르겠다.

나는 친구 한 명과 공동 작업을 하고는 했다. 러시아 예술가인데, 소비에트 체제에
저항하던 가족의 경험에 관한 책을 만들었다. 그녀의 러시아 친구들 가운데 몇 명은
8년 전 러시아가 돈바스 지역을 점령했을 때 군인으로 나갔다가 목숨을 잃었다. 그녀는
그 친구들을 지지했었고, 지금 일어나는 전쟁도 우호적으로 생각한다. 최근에 그녀에게
연락해 더 이상 함께 작업할 수 없다고 얘기했고, 짧은 답변을 받았다.
"우리가 모든 걸 얘기해서 좋았어. 서로 말하지 않은 건 아무것도 없어서 기뻐."

지난주, 친구의 남편이 죽었다는 소식을 듣고 참담했다. 그는 비디오 예술가이자 영화 편집자였다. 러시아의 점령이 시작되자 그는 우크라이나 군대에 들어가기로 결심했다. 그러고 돈바스 지역에서 12월에 총살됐다. 친구가 그 소식을 소셜 미디어에 올렸을 때 나는 믿을 수가 없었다. "그 사람은 안 돼! 이 가족은 안 돼!" 그는 정말로 친절하고, 창조적이고, 훌륭한 사람이었다. 아홉 살 난 딸이 있었고, 단란한 가족이었다. 그가 세상을 뜨고 처음 이틀 밤 정도는 잠을 이룰 수가 없고 속이 메스꺼웠다. 머릿속에서 나는 이 죽음을 우리 가족에게 투영해보았다. 만약 그가 내 남편이었고, 영안실에서 그의 시체 위에 쓰러져 우는 게 나였다면 어떤 기분이었을지. 장례식에 참석한 친구의 사진들을 보기가 너무 고통스러웠다. 이런 일이 벌어지고 나니, 우리와 코펜하겐에 있었던 남편을 다시 우크라이나로 보내기가 싫었다. 남편이 돌아가는 표를 샀다고 얘기했을 때는 어지러웠다. 그렇지만 인생은 인생이고, 전쟁은 전쟁이다. 어떤 것들에는 그저 익숙해져야만 한다.

K

Week 47

우크라이나로 돌아간 남편은 키이우에 있는 우리 아파트에서 짐을 챙겼다. 그곳은 우리에게 아무 쓸모가 없어졌다. 정전이 되면 갈 수가 없었고, 몇 초 만에 아파트를 파괴해버릴 수 있는 미사일에도 취약했다. 내가 짐을 싸러 가지 않은 게 다행이다. 아마도 나는 한때 너무나 친숙했던 텅 빈 방에 가만히 앉아 울었을 것이다. 남편은 우리가 가진 물건들이, 그러니까 침대와 책장, 책, 커피 머신, 벽에 걸려 있던 그림들, 이 모든 게 7세제곱미터짜리 밴에 전부 들어갔다고 했다. 이제 나는 우리 삶이 7세제곱미터짜리라는 사실을 알게 되었다.

둘째 아이가 지금 심각한 독감에 걸려서 걱정이 된다. 아내는 무척 지쳐 있다. 제재 때문에 해열제가 없는 약국이 많다고 했다. 아내는 여러 곳을 돌아다닌 끝에 필요한 약을 구했다. 제재 때문에 생겨난 또 다른 문제는 바로 개 사료다. 선택지가 줄어들었고, 전보다 값도 비싸졌다.

"지난 8년 동안 당신은 어디에 있었습니까?" 요즘 전쟁을 지지하는 러시아 사람들한테서 자주 들을 수 있는 선전 문구다. 그들은 전쟁이 작년에 시작된 게 아니라 2014년 돈바스에서 '러시아인 학살'이 일어났을 때부터 시작된 거라고 주장한다. 이는 러시아의 군사 공격을 정당화하는 도구로 쓰이고 있다.

전쟁에 관한 뉴스를 계속 읽고 있다. 일요일에는 러시아 폭탄이 드니프로에 있는 아파트 단지를 파괴했다. 사람들이 많이 죽었다. 러시아 군대가 또 한 번 범죄를 저지른 것이다. 건물 사진을 보니, 수많은 러시아 건물의 생김새가 떠올랐고, 그런 아파트 안에서 지내던 시간들이 떠올랐다. 이 비극에 더 공감하게 되었다. 공격에 대응하고 우크라이나 사람들과 연대하고자, 몇몇 모스크바 주민들은 우크라이나 시인 레샤 우크라인카의 동상 앞에 꽃을 바쳤다. 누군가는 폭탄 맞은 건물 사진을 바닥에 놔두었다. 꽃을 바쳤다는 이유로 두 사람이 체포됐고, 그저 근처에 서 있었다는 이유로 또 다른 두 사람이 체포됐다.

길에서 24시간을 보낸 끝에 기차를 타고 키이우에 도착했다. 역 출구에서 국경 경찰을 만났다. 경찰은 내 여권을 보고는 러시아 점령 지역을 마지막으로 방문한 게 언제냐고 물었다. 취재를 하러 2014년에 갔지만, 그 뒤에는 더 이상 갈 수가 없었다고 답했다. 나는 러시아에서 잘 알려진, 그리고 별로 달가워하지 않는 기자였으니까. 경찰은 내 답을 듣고는 당혹스러워했고, 국경 경비대 직원에게 전갈을 보냈다. 아무 문제 없다는 회신 후에야 나는 역을 나설 수 있었다. 우크라이나인들은 사람들이 첩자나 배신자라는 취급을 받지 않고도 점령 지역을 자유롭게 넘나들곤 했다는 사실을 잊어버린 것 같다. 우크라이나 정치인들이 그런 지역을 방문하는 평범한 사람들조차 의심스럽게 여기는 이미지를 만들어냈다. '분리와 정복'이라는 그들의 서사와 맞물린다.

여전히 러시아 사람들을 받아들여주는 나라로 최근 이주한 러시아 사람들 가운데 분명 비밀 요원들이 많을 것이라 생각한다. 독일에서는 러시아 첩자로 의심되는 사람들이 러시아를 지지하는 집회를 조직했다. 아주 우려스러운 일이다. 유로마이단 혁명 당시 생겨난 오래된 농담이 있다. "말처럼 생기고, 말 같은 소리를 내고, 말처럼 행동하는 게 있다면, 말일 가능성이 크다. 그런데 그것이 자기는 말이 아니라고 한다면, 그건 확실히 러시아 말이다." 그런 비밀 요원들이 유럽연합에 있는 우크라이나 활동가들과 기자들을 대상으로 정보활동을 벌이고 있을까봐 걱정이 된다. 체첸 공화국의 수장인 람잔 카디로프는 최근, 해외에서 러시아 반대 시위에 참여하는 사람들은 러시아를 지지하는 정보원들에게 "처리될" 것이라고 말했다. 내게는 아직 러시아 첩자가 접근하지 않았다. 지금으로서는 괜찮아 보인다.

똑같은 하루를 반복해서 사는, 영화 <사랑의 블랙홀> 속 주인공이 된 것 같다. 아침에 눈을 뜨면 내가 어디 있는지를 되새기고, 뉴스를 읽는다. 그러고 나면 고통뿐이다. 일을 하려고 애를 쓴다. 내 상황을 잠시라도 잊고자 적어도 간단한 것들 몇 가지는 하려고 말이다. 그러다 문득 크나큰 불안이 몰려오고, 그러면 나는 밖으로 나가 도시를 헤맨다. 이튿날에도 똑같은 일이 고스란히 반복된다.

지난주에 6개월짜리 체류 허가를 받았다. 다음에는 4년짜리 외국 예술인 비자를 신청할 계획이다. 예술가 레지던시에서 나와, 지금은 프랑스 친구들과 함께 지내고 있다. 집은 크지만, 그만큼 가족 수도 많다. 벌써 그들의 공간을 너무 오랫동안 차지했다는 기분이 든다. 얼른 내 공간을 찾아야 한다. 또 한편으로는, 나만의 주거 공간을 빌리면 러시아에 있는 아내와 아이들로부터 훨씬 멀어진 기분이 들까봐 걱정이 된다. 가족들과 연락이 끊기는 게 두렵다. 우리는 매일 전화로 연락을 주고받지만, 가족들의 이민 계획에 관해서는 얘기해보지 않았다. 사실상 이곳으로 옮겨 올 준비가 아무것도 되지 않은 상태에서 얘기를 하다가는 감정적으로 너무 진이 빠질 것이기 때문이다. 우리는 네 달 동안이나 서로 보지도, 안아주지도 못했다. 이러다가 우리가 결국 따로 살게 될까봐 두렵다.

D Week 48

고열 때문에 키이우에 있는 시부모님 아파트에서 일주일 동안 침대에 누워 지냈다. 키이우에 있는 아주 좋은 카페 한 곳에서 식사를 한 뒤에 살모넬라 식중독에 걸렸고, 정말 끔찍하다. 전에는 이렇게까지 아팠던 적이 없었다. 온몸이 아프다. 심지어 담배 생각도 안 난다! 다행히 사실상 정전은 없었고, 러시아가 키이우를 공격한 것도 딱 한 번이었다. 전쟁 지역에 있을 때 아프면 무슨 수를 써서라도 병원에 가는 건 피하게 된다. 더 심각한 상황에 놓인 사람들이 병원에 이미 가득하다는 걸 잘 알기 때문이다.

할 일이 너무 많아서 온통 스트레스다. 상담사는 내가 정신 건강을 유지하려면 지금보다 천천히 가야 한다고 말한다. 그렇지만 전쟁이 나를 더욱더 옥죄고 있다. 마치 이상한 나라의 앨리스처럼, 고작 제자리에 머물기 위해서 온 힘을 다해 달려야 하는 것이다.

이번 주에는 크림 반도로 돌아가는 꿈을 여러 번 꾸었다. 꿈에서 예전 친구들을 만나고, 흑해에 가고, 얄타와 코크테벨에 있는 해안 리조트 타운에 갔다. 크림 반도를 떠난 지 9년이 되었다. 지금까지도 그곳이 이렇게나 그리울 줄은 몰랐다. 머릿속에서는 계속 시간을 거슬러 여행을 떠난다. 마치 진짜 나는, 그러니까 행복한 나는 계속 크림 반도에 살고, 또 다른 나의 삶이 여기 전쟁과 고통과 악몽 한가운데서 펼쳐지는 것 같다. 마치 키이우로 돌아와 예전 친구들을 만나고, 키이우에서 함께 노는 꿈을 꾸는 첫째처럼, 나는 더 이상 존재하지 않는 과거의 삶을 꿈으로 꾼다. 이걸 놓아주어야 한다는 걸 잘 알지만, 그럴 수가 없다. 왜냐하면 이게 바로 전쟁이기 때문이다. 우리의 조국과 우리의 과거가 돌아왔으면 좋겠다.

지난주에 프랑스 서부에서 열린 축제에 갔는데, 거기서 처음 보는 우크라이나 예술가들을 두 명 만났다. 러시아가 우크라이나를 점령한 뒤로 우크라이나 사람들과 제대로 이야기를 나눠보는 건 처음이었고, 무척 두려운 마음이 들었다. 그들은 곧바로 러시아어보다는 영어로 얘기하고 싶다고 했다. 러시아어는 그들에게 부정적인 것들을 떠올리게 하기 때문이었다. 결국에는 우리 작업에 관해 의미 있는 대화를 나눌 수 있었고, 내게 마음을 열고 얘기해준 그들에게 감사했다. 마지막에 두 사람은 우리가 만난 일에 관해 소셜 미디어에 언급하지 말아달라고 부탁했다. 우크라이나 예술계에서 반발이 있을까봐 걱정이 되어서였다.

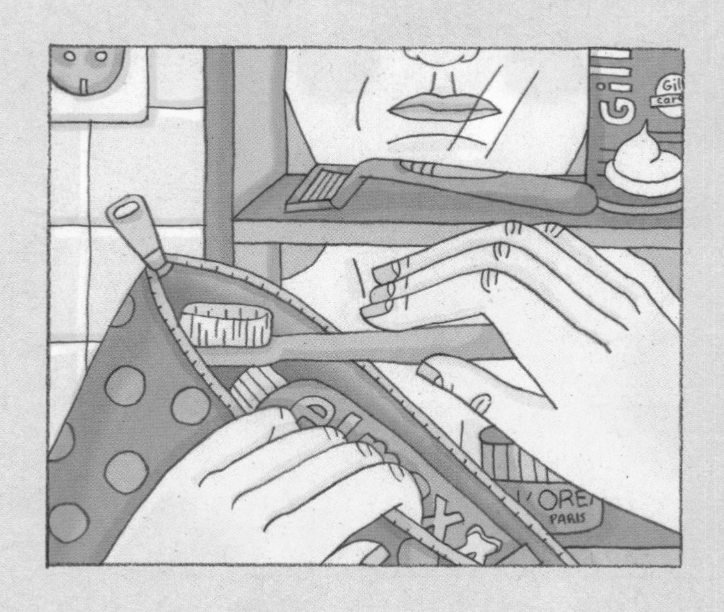

D Week 49

요즘에는 숨을 쉬는 게 힘들다. 계속 부정적인 감정을 품고 지내왔기에, 심리적인 증상 같다. 살면서 처음으로 심리치료사를 만날까 생각해보았다. 프랑스에서 지내는 것도, 프랑스어를 쓰는 것도 지쳤다. 내 주변 사람들은 모두 다 평범하게 살아가는 것 같은데, 나는 여기 속해 있다는 기분이 안 든다. 이 도시에서, 또 이 나라에서 길을 잃고 있다. 지난주에 충동적으로 내일 이스탄불로 떠나는 비행기 티켓을 샀다. 거기서 상트페테르부르크로 가는 티켓도 샀다. 튀르키예에서 하룻밤을 지내보면서 이 계획대로 밀고 나갈 것인지를 결정할 생각이다. 아내에게는 아직 얘기를 안 했다. 우리 가족이 너무 그립고, 둘째 아이의 생일에 함께 있고 싶다. 그렇지만 러시아로 돌아가면 군대에 징집될까봐 걱정도 된다. 온라인 채팅방에서 러시아로 다시 입국할 때 국경에서 아무 문제도 없었다는 사람들의 얘기를 읽고 있다. 내일 밤에 이스탄불에 가면 결정할 것이다.

눈 덮인 키이우의 거리를 보니, 지금 코펜하겐은 어떤 모습일지, 우리 아이들은 무얼 하고 있고, 잘 지내고 있는지 궁금해진다. 아이들이 너무나 그립고, 코펜하겐의 거리도 그립다. 키이우보다 코펜하겐이 더 편하게 느껴지기 시작했다.

취재를 하러 벨라루스 국경으로 갔다. 러시아가 북쪽에서 한 번 더 우크라이나를 침공할지 모른다는 우려들이 있다. 나는 그렇게 생각하지 않는다. (실패한) 첫 시도에서 우크라이나 군대가 학습한 게 있기 때문이다. 지금까지는 이 지역 방어가 순조롭게 이뤄지고 있다고 얘기하는 군인들을 많이 만났다. 지역 당국은 국경 근방 영토는 습지여서 러시아 군대와 군용차 등이 건너오기 어려울 것이라고 얘기했다. 러시아 국경 지대에 사는 우크라이나 사람들을 인터뷰해보니, 국경에서 더 멀리 떨어진 지역의 사람들에 비해 러시아인을 덜 무서워한다는 것을 느낄 수 있었다. 이건 인간의 본능 같다. 지옥 한가운데 있게 되면, 위협을 더 잘 파악해 어떤 식으로든 거기에 대처하는 법을 익힌다.

돌아온 뒤, 남편을 데리고 스탠드업 코미디 쇼를 보러 갔다. 코미디언들은 폭격에 대한 두려움, 공황발작, 전쟁의 다른 면면들을 소재로 농담을 했다. 나는 블랙 유머가 정말 좋다. 아마도 내가 기자이고, 친구들도 대부분 기자여서 그런 것 같다. 냉소주의 덕분에 우리는 우리가 보고, 듣고, 읽는 끔찍한 것들에 대처할 수 있었다. 냉소는 뇌가 정서적으로 손상을 입지 않도록 우리를 보호해준다. 유머는 좋은 치료제다.

화요일에 이스탄불에 도착하니 익숙한 기분이 들었다. 러시아 친구들 집에서 하룻밤을 묵었고, 친구들은 러시아로 돌아가는 게 위험하다며 주의를 주었다. 그렇지만 이튿날 아침, 나는 마음을 먹고 일곱시에 공항으로 가는 지하철에 올라탔다. 상트페테르부르크행 비행기는 거의 만석이었고, 승객 가운데는 젊은 남자들이 많았다. 비행기에 오르며 나는 아내에게 메시지를 보내 둘째 아이의 생일을 축하하러 집으로 갈 예정이라고 알렸다. "화내지 마. 국경에서 체포되는 한이 있더라도 러시아로 돌아갈 거야." 아내가 답장을 보냈다. "지금 어딘데?" 나는 이미 출발했다고 답했다. 국경에서는 아무런 질문도 받지 않았고, 나는 재빠르게 러시아로 입국했다.

우리 집으로 가는 길, 나는 잠시 멈춰 꽃을 샀다. 눈물이 막 터져 나올 것 같았다. 아파트에 도착해 1층 현관에서 벨을 눌렀고, 현관에 들어선 다음 계단을 뛰어올랐다. 숨을 거칠게 몰아쉬었고, 초조했다. 문이 열리자 아내와 둘째 아이가 서 있었다(첫째 아이는 아직 학교에 있었다). 나는 두 사람을 와락 껴안았다. 바로 그때 우리 집 개도 내게 달려와 낑낑거리기 시작했다. 오 분 동안 소리를 멈추지 않았다. 정말로 집에 왔고 가족들과 재회했다는 사실이 믿기지 않았다. 아내는 아이의 생일을 축하하는 저녁 식사를 준비하던 중이었다. 으깬 감자, 구운 고기, 채소, 붉은 캐비아 샌드위치, 케이크까지. 나는 바로 아내를 돕기 시작했고, 정성을 다해 요리했다. 아내와 같이 요리하는 걸 정말 오랫동안 꿈꿔왔다! 이곳이 내가 있을 곳이라는 기분이 즉각 들었다. 내 주위에 있는 모든 것이 익숙했고, 주위에 있는 모든 것이 내가 사랑하는 것들이었다.

지난주에는 바빈 야르를 찾았다. 제2차 세계대전 중 키이우에서 나치가 학살을
조직했던 곳이다. 그중 한 번은 고작 이틀 만에 유대인이 33,000명도 넘게 죽임을 당했다.
현장을 걷다보면 오늘날의 상황과 다르지 않은 기분이 든다. 역겨운 인간 하나가 어떤
일을 벌이기로 결정했다는 이유로 수백만 명이 지구상에서 사라질 수도 있는 것이다.

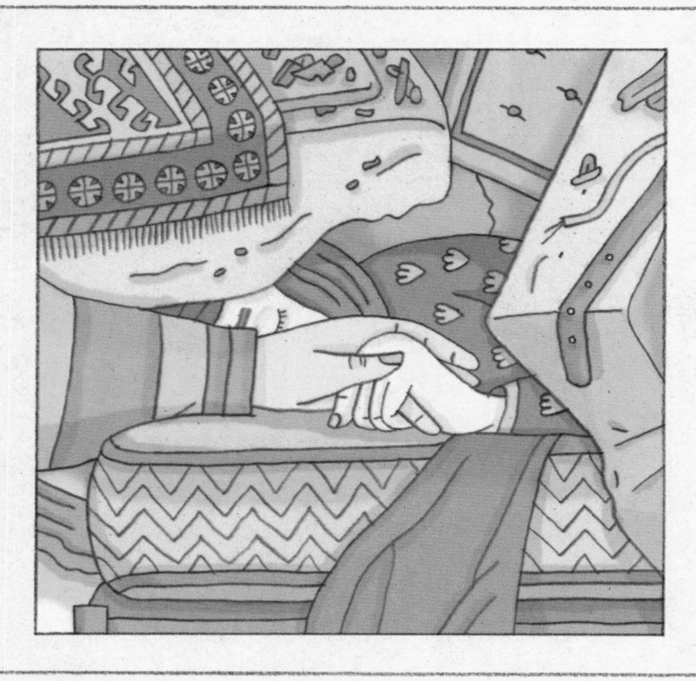

최근에 일어난 지진 때문에 튀르키예와 시리아에서 목숨을 잃은 33,000명이 넘는
희생자들도 떠올렸다. 전문가들에 따르면 사망자 수는 계속 늘어나고 있다.
돌무더기에 갇힌 사람들 사진은 오늘날 우크라이나에서 보는 모습과 닮아 있다.
유일한 차이점이라면 지진은 막을 수가 없었지만, 이 전쟁은 막을 수 있었다는 것이다.
이렇게 온갖 끔찍한 일이 벌어지는 가운데 삶의 의미를 찾기란 어렵다. 이 전쟁이 금방
끝날 것 같지가 않다. 파시스트가 러시아를 통치하는 이상, 폭격은 계속될 것이다.
이 전쟁이 끝나려면 러시아가 파괴되어야 한다고 사람들이 얘기할 때면, 나는
그들에게 러시아는 언제까지나 우리 이웃 국가일 거라는 사실을 일깨우고는 한다.
우리가 보복을 한다면 전쟁은 수십 년 동안 이어질 수도 있다. 이번 전쟁에서 러시아가
진다면(그리고 분명 그럴 것이다), 러시아는 미래에 또다시 우리나 다른 나라들을 공격하려고
할 것이다. 러시아를 파괴하는 건 아무 문제도 해결해주지 않을 것이다.
관계를 재건할 수 있는 자리가 필요하다.

러시아가 침공하기 전, 남편과 나는 밸런타인데이를 기념하고는 했다.
집에 머무르며 조용한 저녁을 즐겼다. 그렇지만 올해는 밸런타인데이를
기념하기에는 할 일이 너무 많다.

예전에 상트페테르부르크에서 보내던 일상으로 빠르게 돌아왔다. 개를 산책시키고, 장을 보고, 가족들이 먹을 음식을 만든다. 지난 네 달 동안 떨어져 지냈던 게 없었던 일인 것만 같다. 처음 며칠 동안은 아내와 아이들에게만 집중했다. 그러다가 다시 뉴스를 보기 시작하면서 현실로 돌아왔다. 우리나라가 이 모든 고통을 만들어내고 있는데 내가 어떻게 인생을 계획할 수가 있을까? 이제 전쟁이 난 지 1년이 다 되어가는 시점이라, 아내는 러시아가 국경을 닫고 새로이 징집을 시작할까봐 걱정하고 있다. 우리는 머잖아 내가 프랑스로 돌아가야 한다고 결정을 내렸고, 이번 주말 비행기 티켓을 사두었다. 다음 선택지로 마르세유를 가볼 계획이다. 프랑스의 다른 지역보다는 그곳 집세가 더 싸기 때문이다. 새로운 임무가 생긴 것 같다. 이번에는 정서적으로 훨씬 수월할지도 모른다. 오늘은 밸런타인데이다. 러시아 전통은 아니지만, 오늘 저녁에는 동네에 있는 식당에 가서 기념을 할 것이다.

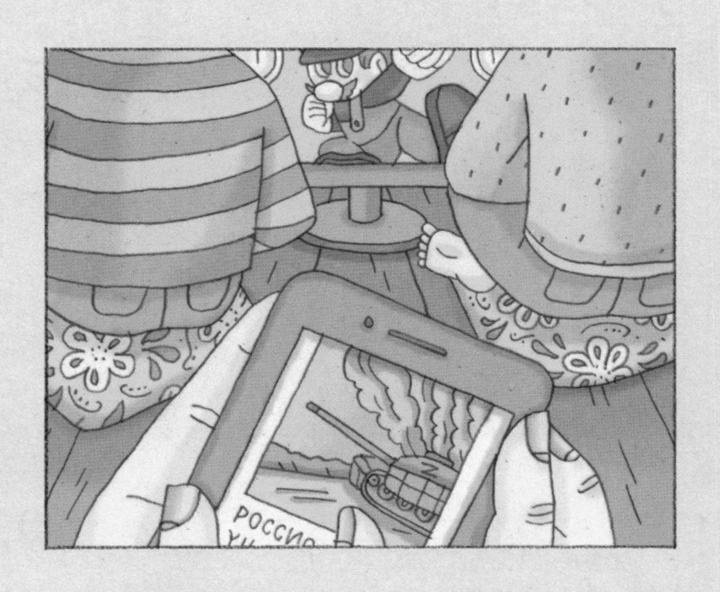

친구 한 명이 최근에 갔던 수많은 송별회 이야기를 해주었다. 그녀도 이민을 가고 싶어하지만, 혼자 아이를 키우고 있고 자금도 충분치 않아 꿈을 못 꾼다. 또 다른 친구는 미국에서 새로운 삶을 시작해보려고 몇 달 동안 노력하다가 러시아로 돌아왔다. 그는 자기에게는 러시아가 지구상에서 제일 좋은 곳이라고 했다. 나라는 엉망진창이어도, 자기 사업이 번창하고 있기 때문이라고 말이다. 전쟁만 아니었다면 나도 똑같은 생각이었을 것이다. 내가 필요한 모든 것들이 여기에 있다. 가족도, 친구들도, 내 일도. 머잖아 전쟁이 끝나면 러시아로 돌아오고 싶다. 그리고 더 나은 예술가가 되고 싶다. 인간적인 가치에 더 초점을 둔 작품을 만들고 싶다.

하루는 남편이 말했다. "봐봐! 불과 몇 달 전에는 색깔 옷을 입는 걸 상상도 못 했잖아. 죄를 짓는 느낌이 들었을 거야. 이제는 이런 전쟁 지역 한복판에서도 파티에 가고 즐겁게 지낸다고!" 지난주에 또 다른 코미디 쇼를 보러 갔다. 이런 외출은 전쟁과 우리의 미래에 관한 암울한 생각에 갇혀 있지 않도록 해준다. 작년은 우리에게 일어날 수 있는 최악의 일은 전쟁이 아니라는 사실을 알려주었다. 최악의 순간은 바로 행복한 순간이 하나도 남아 있지 않을 때다. 마음속에서 이미 죽어버린 것 같은 기분이 들 때다. 어떨 때는 러시아의 공격을 받은 희생자들에 관한 뉴스 피드를 스크롤하면서도 아무런 기분이 들지 않는다는 걸 자각했다. 그게 겁이 났다. 그렇지만 이렇게 감정적으로 무덤덤한 것도 지나갈 거라는 사실을 안다. 공허도, 고통도, 언젠가는 사라질 것이다.

K

Week 52

러시아가 침공을 시작했을 무렵, 내 마음속에는 증오가 넘쳐났다. 러시아에 사는 사람들을 모두 혐오했다. 거기 사람들 전부가 나쁜 일을 한 건 아니라는 사실을 알면서도 증오가 가득했다. 어느덧 1년 동안 이어지고 있는 이 끔찍한 전쟁을 막기 위해 그들이 아무것도 하지 않고 있었기 때문이다. 그런 감정을 느낀다는 걸 깨닫자 스스로가 역겨워졌다. 우리는 서로에게 해를 끼치지 않고, 주위 사람들과 평화롭게 살도록 배우며 자라왔다. 그런데 갑자기 우리나라를 침공한 사람들이 죽기를 바라는 처지에 놓인 것이다. 마음 깊은 곳에서부터 무섭다. 우크라이나인과 러시아인 사이의 적대감은 몇 년 동안, 심지어는 몇십 년 동안 남아 있을 것이다. 내 또래인 사람들은 이런 감정들을 떨쳐낼 수 없을 것이다. 이건 우리 아이들이 풀어야 할 숙제로 남게 될 것이다. 그리고 나는 미래에는 우리의 아이들이, 어떤 식으로든 해결해낼 거라고 확신한다.

지은이 **노라 크루크** Nora Krug

1977년 독일 출생. 작가, 일러스트레이터.

전쟁과 역사와 죄의식에 대한 성찰을 감동적인 그래픽 서사로 구현해낸 『나는 독일인입니다 *Belonging*』로 2018년 전미도서비평가협회상을 수상했다. 역사학자 티머시 스나이더의 동명 저서를 그래픽화한 『폭정 On Tyranny』이 <2021년 뉴욕 타임스 최고의 그래픽 노블>에 선정됐다. 현재 뉴욕 파슨스 디자인 스쿨 부교수로 재직 중이다.

옮긴이 **장한라**

서울대학교에서 인류학과 불어불문학을 전공했으며, 서울대학교 인류학과 석사 과정을 수료했다. 서울대학교 인문학연구원에서 그리스·로마 고전을 읽고 비평했다. 국제 행사 통역과 사회과학 분야 논문 번역을 맡으며, 서울대학교 교수 및 명예교수의 영어 코치를 담당하고 있다. 옮긴 책으로 『남달라도 괜찮아』 『동물들의 위대한 법정』 등이 있다.

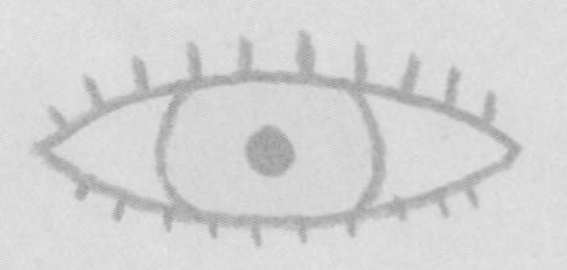

To S. and A.

전쟁이 나고 말았다

1판 1쇄 2023년 11월 11일

지은이 노라 크루크
옮긴이 장한라
펴낸이 김이선
편집 김이선
디자인 파도와짱돌
마케팅 이보민 양혜림 손아영

펴낸곳 (주)엘리
출판등록 2019년 12월 16일 (제2019-000325호)
주소 04043 서울특별시 마포구 양화로 12길 16-9(서교동 북앤빌딩)

✉ ellelit@naver.com
◎ ellelit2020
전화 (편집) 02 3144 3802 (마케팅) 02 3144 2553
팩스 02 3144 3121

ISBN 979-11-91247-42-8 03100